INHALT

Vereinshaus im »Elendstal« (Elberfeld) mit Tante Hanna

Zum Geleit

Dieses Buch ist dem Leben und Werk von Johanna Faust gewidmet, einer Elberfelder Seidenweberin und Fabrikarbeiterin aus dem 19. Jahrhundert, die im Volksmund unter der liebevollen Bezeichnung »Tante Hanna« in die Kirchen- und Sozialgeschichte des Wuppertals und der Erweckungsbewegung eingegangen ist. Es will an eine Frau erinnern, die unter schwierigen Lebensbedingungen und Zeitumständen gelebt und dennoch fröhlich ihren Glauben an Jesus Christus bezeugt und durch die Tat helfender Liebe mutig bestätigt hat.

Ihr Lebensbild entspricht freilich nicht dem Ideal, das sich heute feministische Frauenpolitikerinnen in Kirchen und Parteien von der Rolle der Frau machen. Sie war alles andere als eine nach Selbstverwirklichung und Selbstbestimmung strebende Frau, die auf ihr persönliches Wohlergehen bedacht gewesen wäre. Der sich zu ihrer Zeit ausbreitenden Ideologie des Klassenkampfes war sie nicht verfallen, obgleich sie ihrer Herkunft wegen für die neue sozialistische Heilslehre – nach Ansicht ihrer Urheber – eigentlich hätte zugänglich gewesen sein müssen.

Sie wuchs in einer der ältesten und größten Industriestädte Deutschlands auf, wo die aus wohlhabenden Elternhäusern stammenden Sozialisten Friedrich Engels, Karl Marx und Ferdinand Lassalle sowie radikale Anarchisten zahlreiche Anhänger hatten. Obwohl Generationsgenossin der Frauenrechtlerinnen Louise Otto-Peters (1819-1885), Lina Morgenstern (1830-1909) und der jüngeren Helene Lange (1848-1930), widmete sie ihre geistigen Kräfte und Gaben weder der sozialistischen noch der bürgerlichen Frauenbewegung ihrer Zeit, sondern stellte sich selbstlos in den Dienst ihrer Kirche, um den verarmten und verelendeten Arbeiterfamilien Elberfelds zu helfen.

Sie hielt nichts von den lautstarken Parolen der Revolution, die sie als junge Frau 1849 in Elberfeld selbst miterlebte, sondern setzte ihr Vertrauen allein auf Jesus Christus, den souveränen Herrn der Geschichte, dem nach biblischem Zeugnis alle Macht gegeben ist im Himmel und auf Erden und vor dem sich einst alle Menschen und Völker beugen werden. Sie kämpfte nicht um ihre eigenen Rechte, nicht um mehr bürgerliche Freiheit oder um ein bißchen mehr Wohlstand, sondern um die Gewißheit ihrer Heiligung und Rechtfertigung vor Gott durch das Sühnopfer Jesu am Kreuz.

Sie war keine Dame, die in den feinen Salons der vornehmen Gesellschaftskreise verkehrte. Als Debattenrednerin in politischen Versammlungen hat sie sich keinen Namen gemacht. Sie war auch keine auf öffentlichen Beifall bedachte Wohltäterin der Armen, die sich erst mühsam die Denkweise der von harter und zermürbender Fabrikarbeit und von Entbehrungen gezeichneten Arbeiterinnen und Arbeiter aneignen mußte. Deren Klagen über die Arbeits- und Lebensbedingungen waren ihr nicht fremd: sie kannte sie aus eigener Erfahrung in Elternhaus und eigenem Hausstand.

Sie hatte keine pädagogische Ausbildung erhalten, und doch war sie eine begnadete Erzieherin, die auch schwierige Kinder und Jugendliche für Sonntagsschule und Bibelkreis begeistern konnte. Sie war eine gläubige Christin, die in ihrer Bibel bestens Bescheid wußte. Sie strebte nicht nach einem hauptberuflichen Dienst in ihrer Kirche, wie es wohl manche heute tun würden, die ihre Begabungen und Kenntnisse besitzen.

Ihr Name stand auf keiner kirchlichen Gehaltsliste; sie lebte nicht von ihrer Kirche, sondern für ihre Kirche. Den Elberfelder Pastoren war sie eine unermüdliche, zuverlässige Dienerin, die in christlicher Demut und unerschütterlicher Treue nach dem Vorbild des frühchristlichen Diakonenamts innerhalb ihrer Alltagswelt Handlangerdienste für Jesus Christus leistete. Ihre unangefochtene Autorität bei Hoch und Niedrig, Arm und Reich hatte ihren Grund nicht in ihrem Streben nach öffentlichem Einfluß, sondern im Gebet und in der Fürbitte. Als treue Beterin war sie Seelsorgerin der Mühseligen und Beladenen, der Verbitterten und Verzagten und als solche eine glaubwürdige Zeugin der täglich aufs neue selbst erfahrenen Liebe Gottes.

Die materielle Hilfe, die sie ohne Zögern und ohne Ansehen der Person selbst leistete, war ein unverwechselbares Kennzeichen ihrer mitmenschlichen Güte und geistlichen Unerschrockenheit. Sie wußte sich, ohne mit ihrem eigenen Schicksal zu hadern, von Gott in den Stand berufen, in dem sie als Tochter eines Kattunwebers und als Gattin eines alkoholabhängigen Fabrikarbeiters gehorsam den Wil len Gottes erfüllen sollte. Sie war in ihrer frühen Jugend ein Fabrikmädchen wie Tausende andere auch, sie war Arbeiterin unter Arbeitern, sprach wie sie die gleiche Sprache und teilte mit ihnen das gleiche Los. Ihre Hausbesuche bei Armen und Reichen, ihr unablässiges Eintreten für eine christliche Lebensführung der heranwachsenden Jugend und vor allem das kühne Wagnis des Aufbaus des »Elendstals« als evangelistischer Versammlungsstätte des Bergischen Landes war eine überzeugende Alternative sowohl zu jeder selbstgefälligen Frömmigkeit in privater Zurückgezogenheit als auch zu jeder Art von vermessenen Selbsterlösungsphantasien und sozialrevolutionärer Umtriebigkeit.

Johanna Faust gehört zweifellos zu jener »Wolke von Zeugen« (Hebr. 12,1), die die Kirche Jesu Christi seit ihren Anfängen gnädig begleitet hat. Sie ist ein solides Verbindungsglied in der zweitausendjährigen ununterbrochenen Kette weiblicher Diakonie, zu der im 19. Jahrhundert Frauen wie Elizabeth Fry (1780-1845), Friederike Fliedner (1800-1842) und Mathilda Wrede (1865-1928) zählten. Sie hat gültige Maßstäbe gesetzt, an denen sich die Liebeskraft und der Glaubensgehorsam der Christen auch noch am Ende des 20. Jahrhunderts messen lassen müssen.

Es ist der Wunsch der Verfasser, Leben und Werk der treuen Christuszeugin aus dem Elberfelder Industrieproletariat des 19. Jahrhunderts in den Gemeinden vor dem Vergessen zu bewahren, nachdem die in mehreren Auflagen erschienenen Bücher und Aufsätze über »Tante Hanna« von Wilhelm Busch, Martin Haug, Arno Pagel und Walter Schäble längst vergriffen sind. Durch Auswertung von Urkunden, Akten, Zeitungen, Zeitschriften und Büchern wird der Versuch unternommen, den Lebensweg der Johanna Faust unter den sozialen Lebensbedingungen ihrer Zeit so wirklichkeitsgetreu wie nur eben möglich nachzuzeichnen, um dadurch eine der geschichtlichen Wahrheit wenig förderliche Legendenbildung zu verhindern. Manche ihrer Lebensabschnitte bleiben weiterhin im Dunkeln, was auch nicht verwunderlich ist, weil Tante Hanna während vieler Jahre ihres Lebens keine Persönlichkeit von allgemeinem öffentlichen Interesse gewesen ist, über die kirchliche und nichtkirchliche Autoren etwas zu schreiben gehabt hätten. Sie führte auch kein Tagebuch und keine eigene Korrespondenz; andere schriftliche Aufzeichnungen, beispielsweise Entwürfe von Kinder- und Jugendstunden, hat sie nicht hinterlassen. Das meiste, das wir heute über sie wissen, stammt aus zweiter und dritter Hand.

Es war unser Bemühen, anhand der zur Zeit noch verfügbaren Quellen die Geschichtlichkeit der fast schon zur Legende gewordenen Gestalt zu sichern und das geschichtliche Wissen über sie zu vermehren. Die überaus erfolgreiche Biographie Wilhelm Buschs, ohne die die Erinnerung an Johanna Faust gewiß schon längst erloschen wäre, war Leitfaden für unsere Nachforschungen. Einige charakteristische Episoden aus ihrem Leben werden wörtlich aus der ersten Auflage von 1904 zitiert. Wilhelm Busch standen in den Zeitzeugen noch wertvolle Informationsquellen zur Verfügung, die uns heute nicht mehr zugänglich sind.

Wenn trotz der schwierigen Quellenlage der Versuch unternommen wird, das Bild der Christuszeugin Johanna Faust wieder zu entdecken, dann geschieht dies in erster Linie nicht in wertfreier, wissenschaftlicher Absicht, sondern im Sinne der Mahnung des Hebräerbriefs: »Gedenkt an eure Lehrer, die euch das Wort Gottes gesagt haben; ihr Ende schaut an und folgt ihrem Glauben nach« (Hebr. 13,7). Johanna Faust war zweifellos eine der bedeutenden »Lehrerinnen«, die Gott seiner Kirche im 19. Jahrhundert geschenkt hat. Durch die Fröhlichkeit ihres Glaubens und durch das Beispielhafte ihres Handelns hat sie während ihrer Lebenszeit mehreren Generationen junger Menschen ein Wegweiser zum Heil in Jesus Christus sein dürfen. Sie ist es wert, auch künftig im Gedächtnis der Gemeinde lebendig erhalten zu bleiben.

Die Verfasser danken dem R. Brockhaus Verlag Wuppertal für sein freundliches Entgegenkommen, das Manuskript zu veröffentlichen und einem breiten Leserkreis zugänglich zu machen. Möge das Buch viele aufmerksame Leser finden, die sich mit dem Blick auf die »Wolke von Zeugen« in ihrer Besorgnis um die Zukunft der Gemeinde Jesu Christi inmitten einer gottfernen Welt trösten und stärken lassen und die nicht aufhören mögen, durch ihr eigenes Christuszeugnis in der Gegenwart Gott allein die Ehre zu geben und ihrem Nächsten zu dienen.

Elberfeld im 19. Jahrhundert

Das Leben der Johanna Faust umfaßt mit seinen 78 Jahren (1825-1903) einen Zeitraum, in dem sich ein grundlegender Wandel von Staat, Gesellschaft, Wirtschaft, Wissenschaft, Recht, Kunst und Religion vollzog und der die Geschichte unseres Jahrhunderts entscheidend geprägt hat. Während ihrer Lebenszeit ereignete sich 1848 die Revolution in Berlin, die ein Jahr darauf einen späten Nachhall während des Barrikadenaufstands in Elberfeld fand. Sie war Zeitgenossin des deutsch-dänischen, des deutsch-österreichischen und des deutsch- französischen Krieges und der Ausrufung König Wilhelms I. von Preußen zum Deutschen Kaiser am 18. Januar 1871 im Spiegelsaal von Versailles.

Etwa zwischen 1850 und 1875 vollzog sich mit raschem Tempo die industrielle Revolution und der Ausbau des modernen Kapitalismus auch im Wuppertal. Während dieser Jahre entstanden neue Wohngebiete und Fabriken sowie ein dichtes Straßen- und Schienennetz, das

Elberfeld im grünen Tal der Wupper, um 1850; rechts am Bildrand eine Fabrik vor dem Arrenberg

den Personen- und Güterverkehr der bergischen Großstadt an die in- und ausländischen Verkehrswege anschloß.

Zur gleichen Zeit bildeten sich neben zahlreichen kirchlichen Vereinen und Gesellschaften radikal-demokratische, sozialistische, liberale und konservative Parteien, die miteinander um Einfluß und Macht in Staat und Gesellschaft konkurrierten.

Johanna Faust lebte also während einer Zeit, die durch gewaltige Umbrüche auf allen staatlichen und gesellschaftlichen Gebieten gekennzeichnet war. Auch die traditionellen Grundlagen christlichen Glaubens und Lebens wurden »dadurch« schwer erschüttert.

Schon im 18. Jahrhundert war Elberfeld ein bedeutendes Gewerbegebiet, das überwiegend durch Herstellung und Vertrieb von Textilien geprägt war. Die wirtschaftliche und soziale Entwicklung der beiden Städte Elberfeld und Barmen im beginnenden 19. Jahrhundert beruhte wesentlich auf Fleiß und Sparsamkeit der Textilgewerbetreibenden. Die Elberfelder Industrie stellte sich als ein vielfältig verschlungenes Geflecht von Bleichereien, Webereien, Bandwirkereien und Handlungsunternehmungen dar. Hinzu kamen Färbereien, Riemendrehereien, Knopfmachereien, Spinnereien und verschiedene andere Zuliefergewerbe für die Textilindustrie.

Die Erfindung der Spinnmaschine und des menchanischen Webstuhls in England im 18. Jahrhundert veränderte zu Beginn des 19. Jahrhunderts auch die Produktionstechnik des Textilgewerbes im Wuppertal. Der Einsatz der Dampfmaschine steigerte die Produktivität der Unternehmen in bis dahin unbekanntem Ausmaß. Am 1. Mai 1851 wurde in London die erste Weltausstellung eröffnet, auf der zahlreiche Aussteller des In- und Auslandes, auch aus dem Bergischen, ihre Produkte zeigten. Sie wurde zu einer Leistungsschau, auf der England seine europäische Vormachtstellung auf industriellem Gebiet eindrucksvoll unter Beweis stellen konnte.

Das Elberfelder Textilgewerbe wurde durch die ausländische Konkurrenz vor die Existenzfrage gestellt, entweder im Wettbewerb mitzuhalten oder wirtschaftlich zu verkümmern. Der wirtschaftliche Zwang zur Industrialisierung bestimmte in den folgenden Jahrzehnten die gesellschaftliche Entwicklung des Wuppertals. Elberfeld wurde vor allem zum Standort des Textilgroßhandels. Nachdem im Jahre 1857 hier das erste große Konfektionshaus gegründet worden war, entwickelte sich die Hofaue zu einem Zentrum des deutschen Konfektionsgewerbes, das sich einen weltweiten Ruf erwarb. Einen guten Einblick in die Struktur der Elberfelder Industrie gibt die Gewerbezählung des Jahres 1875: Von etwa 81.000 Einwohnern waren rund 25% in Industrie und Handwerk beschäftigt. Die Textilindustrie erwies sich nach wie vor als dominierender Industriezweig; in ihm waren knapp die Hälfte aller in Industrie und Handwerk Beschäftigten tätig.

Mit den höheren technischen Anforderungen konnten die Kleingewerbetreibenden jedoch nicht mehr Schritt halten. Der Übergang vom früheren Handarbeitsbetrieb zum modernen Maschinenbetrieb, von der häuslichen Werkstatt zur Fabrik vernichtete viele kleine selbständige und halbselbständige Existenzen, die in ihrer bodenständigen Art so charakteristisch für das alte Elberfeld gewesen waren. Es gelang in jenen Jahren nur wenigen der Aufstieg zum selbständigen Unternehmer und Kaufmann. Die meisten Gewerbetreibenden erlebten einen sozialen Abstieg in die lohnabhängige Industriearbeiterschaft als Folge des industriellen und wirtschaftlichen Strukturwandels. Sie setzte sich aus Handwerksgesellen, früheren Heim- und Lohngewerbetreibenden sowie aus Arbeitsuchenden zusammen, die in großer Zahl von außerhalb zuwanderten. Von Jahrzehnt zu Jahrzehnt nahm die Einwohnerzahl Elberfelds in ungewöhnlichem Maße zu: zwischen 1861 und 1890 stieg sie von 56.000 auf 126.000, und im letzten Jahrzehnt des vorigen Jahrhunderts vergrößerte sie sich noch einmal um 31.000 auf insgesamt 157.000, was eine Verdreifachung in 40 Jahren bedeutet.

Diese Bevölkerungsexplosion wirkte sich nachteilig auf den Wohnungsmarkt aus, weil der Bau preiswerter Wohnungen nicht mit der sprunghaften Nachfrage Schritt halten konnte. Die Wohnverhältnisse wurden oft noch durch die Aufnahme von Kost- und Schlafgängern verschärft, die ein billiges Obdach suchten und mit ihrem Zehrpfennig das karge Haushaltsgeld einer Familie ein wenig aufbesserten.

In schroffem Gegensatz zu den Arbeiterquartieren entstanden an den Nord- und Südhängen sowie auf den Höhen der Stadt die großzügig gestalteten Villenanlagen der wohlhabenden Unternehmer und Kaufleute.

Die Textilindustrie als Haupteinnahmequelle der wachsenden Bevölkerung war auf Grund ihrer Abhängigkeit von unvorhersehbaren außenwirtschaftlichen Einflüssen sowie vom raschen Wechsel der internationalen Damen- und Herrenmode besonders krisenanfällig. Wirtschaftliche Depressionen mit ihren unausbleiblichen sozialen Folgen wiederholten sich in fast regelmäßigen Zeitabständen. Die Löhne deckten nicht die erforderlichen Ausgaben der Familie für Ernährung, Wohnung und Kleidung; tägliche Arbeitszeiten von 10-14 Stunden sowie Nacht- und Sonntagsarbeit waren an der Tagesordnung; Frauen und Kinder mußten zur Bestreitung des Lebensunterhalts mitarbeiten; viele Arbeitsplätze waren gesundheitsschädlich und unfallträchtig; Massenentlassungen und Arbeitslosigkeit waren in konjunkturellen Krisenzeiten üblich.

Erst im letzten Viertel des vorigen Jahrhunderts verbesserte sich allmählich der Lebensstandard der arbeitenden Bevölkerung auf Grund staatlicher Gesetzgebung und kommunaler sowie kirchlicher Initiativen. Der Unterbarmer Pfarrer und geistliche Weggefährte von Johanna Faust, Friedrich Coerper, beschreibt 1895 die Situation so: »Die Lebenshaltung unseres Volkes hat sich außerordentlich gehoben ... Viele von den Vätern saßen abends beim Kienspan oder später bei dem kümmerlichen Öllämpchen. Wie ist es jetzt anders mit dem Licht ... Ein Bandwirker erzählte, daß er während seiner Lehrzeit die ganze Woche kein Fleisch im Essen gesehen habe, höchstens sonntags gab es einige Stückchen in der Suppe ... Es ist in den letzten 40 oder 50 Jahren vieles anders geworden. Die deutsche Regierung und Volksvertretung hat für die Leute des vierten Standes durch Kranken-, Unfall-, Alters- und Invalidenversicherung mehr getan als irgendein anderes Land in der Welt.«

Das sozialpolitische Verhalten der Unternehmer gegenüber ihren Arbeitern blieb freilich nicht ohne Kritik. Auch dazu äußerte sich Coerper: »Gewiß hatte sich sehr vieles unter dem Einfluß der sozialen Gesetzgebung in der äußeren Lage der Arbeiter geändert. Aber so wenige unter den Fabrikanten verstanden es, mit den Arbeitern als Mensch mit Menschen zu verkehren.«

Der patriarchalische Unternehmer der vorindustriellen Zeit kannte alle seine Arbeiter noch persönlich und fühlte sich für sie und für das Wohl und Wehe ihrer Familien mitverantwortlich. Ihre Söhne

Pfarrer Friedrich Coerper

und Enkel jedoch, sofern sie sich von Kirche und Gemeinde innerlich getrennt hatten, sahen in ihnen nurmehr Produktionsfaktoren,
die nach ihrem Marktwert bezahlt wurden. Wilhelm Busch vermittelt in der Lebensbeschreibung seines Vaters, Pfarrer Dr. Wilhelm
Busch, anläßlich seines Dienstwechsels von Dahlerau nach Elberfeld
einen Eindruck von der sozialen Lage der Elberfelder Arbeiterbe-
völkerung am Ende des vorigen Jahrhunderts:

»Lange, öde, schmutzige Straßen. Haus an Haus in langweiliger
Gleichförmigkeit. Und das Volk, das hier wohnt, sind die von der
Schattenseite des Lebens. Es war so anders als in Dahlerau: Dort das
herzliche, persönliche Verhältnis vom Arbeitgeber zum Arbeitneh-
mer, hier meist Aktiengesellschaften, wo der Aktieninhaber nichts
weiß vom Arbeiter, und wo der Arbeiter seinen Brotgeber nicht
kennt. Und wie der Arbeiter keine Beziehung findet zu seiner me-
chanischen Arbeit, die er im Dienst irgendeines Unbekannten tut, so
ist bei ihm auch meist die persönliche Beziehung zu seiner Heimstät-
te verlorengegangen. In Elberfeld war damals die Wurzellosigkeit bei

Arbeitern erschütternd. Wenn man Hausputz halten wollte, dann zog man einfach in eine andere Wohnung. Der 1. Mai war stets der Termin. Da stand all das kümmerliche Mobiliar auf der Straße, wurde abgeseift. Und abends saß man in der neuen Wohnung. Die Kinder aber sangen:

> ›Der Mai ist gekommen,
> die Bäume schlagen aus.
> Da fliegen die Brocken
> zum Fenster hinaus.
> Wie die Wolken dort wandern
> am himmlischen Zelt,
> so ziehen die Leute
> durch ganz Elberfeld‹.

Dieses Haus in der Riemenstraße heute läßt etwas von Eintönigkeit ahnen

14

Ja, es war armes Volk, das hier wohnte. Tagaus, tagein, ohne Urlaub die seelenlose Arbeit in der Fabrik, schlecht bezahlt, von andern Ständen über die Achsel angesehen, in engen, dumpfen Wohnungen hausend, durch immerwährende Verhetzung verbittert, innerlich verarmt, weil eine überaus dürftige Parteipresse die einzige geistige Nahrung darstellte. Es ist unmöglich, die Nöte einer Industriegemeinde zu schildern.

Immer wieder ist mir, der ich selber in einer Industriegemeinde arbeiten darf, eine erschütternde Entdeckung, zu sehen, wie wenig selbst unsere christlichen Kreise, trotz aller Kenntnisse von Statistiken und ähnlichem, wirklich davon erfaßt sind, welche Unsumme von Not, Schmutz, Elend, Armut in unserem Volk täglich getragen wird. Es ist für den Pfarrer ein Grund zum Danken, wenn ihn seine Arbeit in solche Abgründe der Not hineinführt, wo er alle Illusionen verliert und vor den furchtbarsten Realitäten des Lebens steht. Da lernt man die Realitäten des Glaubens. Hier sind die ›Mühseligen und Beladenen‹.«

Das religiöse Leben im Wuppertal wurde weitgehend von den reformierten und lutherischen Gemeinden sowie von zahlreichen kleineren freikirchlichen Gemeinden, die sich in den 50er Jahren bildeten, geprägt. Der katholischen Kirche gehörte am Ende des Jahrhunderts jeder dritte Einwohner an, zum jüdischen Glauben bekannten sich 1-1,5%.

Während der Zeit des enormen Bevölkerungsanstiegs wurden zahlreiche neue Kirchen, Pfarrhäuser, Gemeindesäle und Vereinshäuser gebaut und neue Friedhöfe angelegt. Auch die Trinitatiskirche am Arrenberg, die Heimatkirche von Johanna Faust, entstand in jenen Jahren. Die Zahl der Gemeindepfarrstellen wurde auf Grund der Verkleinerung der Gemeindebezirke vermehrt. Dank des tatkräftigen und kühnen Einsatzes der Presbyterien gelang eine insgesamt zufriedenstellende Anpassung der amtskirchlichen Organisation an die veränderten Lebensbedingungen in einer industriellen Großstadt, die zum Schauplatz der volksmissionarischen Tätigkeit von Johanna Faust wurde.

Kindheit und Jugendjahre von Johanna Kesseler

Johanna Wilhelmina Kesseler wurde am 28. September 1825 außerhalb des damaligen Stadtgebiets von Elberfeld geboren. Sie war die Tochter des Kattunwebers Johannes Kesseler und seiner Ehefrau Gertrud, geborene Fischbach. Ihre Eltern wohnten im ländlichen Teil des Bürgermeistereibezirks Elberfeld, der sich westlich vom Stadtzentrum und südlich der Wupper befand. Die aus verstreut liegenden Häusern und Werkstätten bestehende Ortschaft hatte die Flurbezeichnung »Vorm Arrenberg«. 1861 wird sie als eine stille, freundliche Gegend geschildert, die »besonders von einiger Entfernung aus ein recht trauliches, idyllisches Ansehen hat«. In der Arrenberger Straße befindet sich heute das Ferdinand-Sauerbruch-Klinikum und jene zu Tante Hannas Lebzeiten erbaute Trinitatiskirche, die im Volksmund auch »Zanellakirche« hieß, weil ein großer Teil der Bausumme von Wilhelm Boeddinghaus, einem Zanella-Fabrikanten, gestiftet wurde.

Johanna hatte noch drei Geschwister, über deren Leben nur weniges bekannt ist: Ihr Bruder Friedrich, von dem wir nicht wissen, ob er jünger oder älter als sie war, starb bereits 1856. Ihre Schwester Wilhelmine wurde 1828 geboren; 1856 wohnte sie in der Elberfelder Bachstraße und war als Knüpferin tätig. Aus ihrer Sterbeurkunde geht hervor, daß sie die Ehefrau des 1889 verstorbenen Riemendrehers Peter Siepermann (geboren 1829) war und einen Sohn, Hermann Siepermann (gestorben 1908) hatte, der von Beruf ebenfalls Riemendreher war und im Nebenerwerb einen Kohlenhandel betrieb. Er wohnte in der Riemenstraße 20, in unmittelbarer Nachbarschaft seiner Tante Johanna. Seit 1894 wohnte seine Mutter bis zu ihrem Tod am 7. August 1898 bei ihrer verwitweten Schwester Johanna in der Riemenstraße 26. Die zweite Schwester hieß Gertrud, auch sie war Arbeiterin und wohnte später ebenfalls für einige Zeit bei ihrer Schwester Johanna. Sie starb im Jahre 1900.

Johannas Vater konnte mit seinem Weberlohn die sechsköpfige Familie nur dürftig ernähren. Die Eltern Kesseler waren einfache

Trinitatiskirche; hier fand 1903 der Trauergottesdienst für Tante Hanna statt.

Leute, die, wie viele ihrer Zeitgenossen aus dem Arbeiterstand, nicht schreiben konnten. Johannes Kesseler gab dies dem Standesbeamten bei der Meldung der Geburt seiner Tochter Johanna zu Protokoll, und ihre Mutter Gertrud tat das gleiche später anläßlich der Heirat ihrer Tochter. Schon am 4. November 1834, als Johanna gerade 9 Jahre alt war, starb der Vater. Mit dem Tod des Ernährers brach eine schwere Zeit über die Mutter und ihre vier kleinen Kinder an. Wir wissen nicht, wie sie sich mit ihren Kindern durchschlug; ob sie von der kirchlichen Armenpflege unterstützt wurde, ist nicht bekannt.

Johanna Kesseler besuchte bis zu ihrem 12. Lebensjahr die alte Elementarschule am Arrenberg, die einige Jahre nach ihrer Schulentlassung abgerissen und durch eine neue einklassige Schule ersetzt wurde. Im Jahre 1851 hatte diese Schule einen Lehrer und 139 schulpflichtige, aber nur 116 »schulbesuchende« Kinder. Mehr als ein Fünftel der schulpflichtigen Schüler blieb der Schule fern. Der mangelhafte Schulbesuch, der zu jener Zeit fast überall an der Tagesordnung war, war dadurch bedingt, daß die Kinder – meist vom 12. Lebensjahr an – mithelfen mußten, den Lebensunterhalt für die Familie zu bestreiten. So besuchten im Jahre 1835 in Elberfeld von 4.500 schulpflichtigen Kindern nur 2.800 die Elementarschule. Zieht man die Schüler der höheren Schulen ab, dann wuchsen immer noch etwa 1.000 Kinder in Elberfeld, trotz der bestehenden Schulpflicht, ohne allen Unterricht auf.

Ursache der Kinderarbeit in den Fabriken und Werkstätten des Tals waren die niedrigen Löhne der Väter, die nicht ausreichten, die notwendigsten Lebensmittel für die Familie zu beschaffen. Das preußische Regulativ über die Beschäftigung jugendlicher Arbeiter in Fabriken vom 9. März 1839, das die Fabrikarbeit vor dem 12. Lebensjahr verbot, existierte zur Zeit des Schulbesuchs Johannas noch nicht.

Kinderarbeit vom zartesten Lebensalter an ruft bei uns heute moralische Entrüstung und Widerwillen gegen die damaligen Arbeitgeber hervor. In früheren Jahrhunderten war sie aber ebenso »normal« wie heute noch in vielen Entwicklungsländern Afrikas, Lateinamerikas und Südostasiens. Die Unentbehrlichkeit von Kinderarbeit ist ein typisches Merkmal unterentwickelter Volkswirtschaften. Selbst in unserem Jahrhundert, vor allem während und nach den beiden

Weltkriegen, war es selbstverständlich, daß Kinder mithelfen mußten, mit ihren Kräften und Fähigkeiten zum Lebensunterhalt der Familie beizutragen. Als Deutschland bis zum Beginn des 19. Jahrhunderts noch überwiegend ein Agrarland war, gehörte es selbstverständlich zu den Pflichten der Kinder, bei jeder Witterung in der
Land-, Weide- und Forstwirtschaft mitzuhelfen und Verantwortung
zu übernehmen. Sie lernten früh, ihre Geschicklichkeit und ihre
Kräfte im Umgang mit Haustieren, auf dem Acker, auf der Weide
und im Stall sowie in der Handhabung der Werkzeuge wie Pflug und
Egge, Axt und Säge, Erntewagen und Kutsche, Spinnrad und Web-
rahmen zu erproben.

Auch die industrielle Arbeit der Kinder in den Fabriken des 19.
Jahrhunderts entsprach durchaus den damals üblichen Anforderungen, die nicht nur ihre Eltern, sondern auch die nachbarschaftliche
Umwelt an sie richteten. Kinder vom 12. bis 13. Lebensjahr an waren
meist unersetzliche Stützen für Haushalt und Gewerbe der Eltern,
mit deren vollem Einsatz sie rechnen mußten.

Aber nicht nur von ihren Eltern und Dienstherren, sondern auch
vom Staat wurden sie früh in die Pflicht genommen. Noch bis zum
Ende des 19. Jahrhunderts waren Kinder vom vollendeten 12. Lebensjahr an strafmündig und konnten von Gerichten wegen strafba-
rer Handlungen zur Rechenschaft gezogen werden. Erst aus der Per-
spektive der Lebensverhältnisse der Kinder und Jugendlichen der
Gegenwart, die in diesem Jahrhundert durch umfassende Schutzge-
setze grundlegend verbessert wurden, erscheint die Kinderarbeit
früherer Jahrhunderte als ausbeuterisch und moralisch verwerflich.
Für Johanna und Millionen ihresgleichen war es zu ihrer Zeit nichts
Ungewöhnliches, von ihren Eltern in die Fabriken und Werkstätten
geschickt zu werden und während eines langen Arbeitstages schwere
körperliche Arbeit zu verrichten.

Johannas Lehrer an der Arrenberger Elementarschule war Arnold
Betten, der an dieser Schule von 1828-1857 unterrichtete. Als wich-
tigstes Unterrichtsmittel hat vermutlich das von dem Elberfelder
Lehrer Peter Heuser 1834 herausgegebene Lehr- und Lesebuch für
Stadt- und Landschulen mit dem Titel »Der Jugendfreund« gedient,
das für die im Lesen und Schreiben fortgeschritteneren Schüler geschichtliche, naturkundliche, literarische und bibelkundliche Ab-

schnitte enthielt. Die pädagogische Ausrichtung des gesamten Unterrichts auf christliche Lehrinhalte geschah in Übereinstimmung mit den Anforderungen der »Schulreorganisation« vom Jahre 1829. Dort heißt es:

»In der Elementarschule soll gelehrt werden, was das Kind als Mensch, Christ, künftiger Unterthan des Landes und brauchbarer Bürger der Welt nothwendig denken, verstehen, wissen und können muß. Die Hauptlehrgegenstände der Elementarschule sind:

a)   Übung in einem mit Nachdenken verbundenen Auswendiglernen und deutlichem, verständlichem Hersagen dessen, was immer über die wichtigsten und heiligsten Angelegenheiten des Menschen, über Gottesfurcht, Frömmigkeit, Rechtschaffenheit, Bestimmung des Menschen, wahres Christentum usw. richtig und gründlich belehren, vor der Sünde ernstlich warnen, zum Besserwerden und Rechtthun kräftig ermuntern, in Leiden beruhigen und trösten und im Genuß der Freude schuldlos erhalten kann.

b)   Deutliches, richtiges, fertiges Lesen der Druck- und Schreibschrift.

c)   Reinliches, leserliches, fehlerfreies Schreiben.

d)   Verständiges, richtiges und schnelles Rechnen im Kopfe und auf der Tafel.

f)   Einfaches, sanftes, liebliches Singen der Melodien der Kirchengesänge.«

Mit 12 Jahren bat Johanna um vorzeitige Schulentlassung. Diese war auf Grund der »Elberfelder Schul-Ordnung von 1827« möglich. In § 7 dieser Ordnung heißt es:

»Zwar ist jedes Kind bis zum vollendeten 14. Jahre schulpflichtig; jedoch kann die Schulbehörde nach Umständen auch schon nach vollendetem 12. Jahre einem Kinde einen Entlassungsschein ertheilen, wenn sie nach angestellter Prüfung ein solches hinreichend unterrichtet erkennt.«

Nach ihrer Entlassung arbeitete sie von 1837 an in einer Seidenfabrik; trotz intensiver Nachforschungen war es nicht möglich, den Namen des Unternehmens ausfindig zu machen. Es ist möglich, daß einer der Verwandten des Vaters, die wie Wilhelm Kirberg und Johann Pottkemper selbst Seidenweber waren und

*Pfarrer Immanuel Friedrich Emil Sander, der Johanna Kesseler konfir-
mierte und taufte*

»Vorm Arrenberg« wohnten, ihr die Stelle vermittelt haben.
   Bei Berücksichtigung des preußischen Regulativs über Kinderarbeit von 1839 durch den Arbeitgeber hatte Johanna einen zehnstün-
digen Arbeitstag, der von zwei Pausenstunden unterbrochen wurde,
so daß sie täglich insgesamt zwölf Stunden, den Weg zur Fabrik
nicht eingerechnet, aus dem Hause war. Für ihre Arbeit bekam sie
höchstens 1 1/2 Taler wöchentlich.
   Nach einem anstrengenden und ermüdenden Arbeitstag besuchte
Johanna wöchentlich einmal den Konfirmandenunterricht bei dem
lutherischen Pfarrer Immanuel Friedrich Emil Sander. Sander war
nach seiner Berufung von Barmen-Wichlinghausen 16 Jahre lang

Pfarrer der lutherischen Gemeinde Elberfeld. Johanna erhielt durch ihn die entscheidende Prägung ihres Glaubens und ihrer Frömmigkeit und stand bis zu seinem Tode in enger Verbindung mit ihm. Weil Sanders Einfluß auf ihre Persönlichkeitsentwicklung so bedeutsam war, soll im folgenden etwas ausführlicher auf dessen Lebensweg und Frömmigkeitsstil eingegangen werden.

Ähnlich wie Johanna hatte auch Sander eine von Entbehrungen und Not geprägte Kindheit hinter sich. Sanders Vater, ein ärmlich besoldeter Landpfarrer in der Merseburger Gegend, starb, als er noch ein kleiner Junge war. Von 1805-1815 besuchte er die Lateinschule des von August Hermann Francke gegründeten Halle'schen Waisenhauses. Während seines Leipziger Theologiestudiums verdiente er sich seinen Unterhalt durch Erteilung von Elementarschulunterricht in der Waisenhausschule Sankt Georg.

Die während seiner Studienzeit in Leipzig gelehrte rationalistische Theologie konnte seine Sehnsucht nach verläßlicher, geistlicher Wegweisung nicht befriedigen; er bestand sein Examen mit hoher Auszeichnung, lehnte aber die Leipziger Theologie als untauglichen Versuch der menschlichen Vernunft ab, sich Gottes zu bemächtigen. Entscheidend für die Entwicklung seines Glaubenslebens wurden die Begegnungen mit den geistlichen Vätern der neupietistischen Erweckungsbewegung, die sich in den großen Unternehmungen der äußeren Mission, der Bibelverbreitung und der Rettungshausarbeit für verwaiste oder verwahrloste Kinder ausdrückte – einer Kirche und Gesellschaft umgestaltenden Kraft. Es waren vor allem die ehrwürdigen väterlichen Gestalten eines Heinrich Jung-Stilling und Johann Friedrich Oberlin, die bei ihm einen bleibenden Eindruck hinterließen. Auch die apokalyptischen Visionen der baltischen Freifrau Barbara Juliane von Krüdener verfehlten nicht ihre Wirkung.

Sander empfand ein lebhaftes Bedürfnis, an der kirchlichen Erneuerungsbewegung mitzuwirken, die den kühnen Versuch wagte, den in Orthodoxie und Rationalismus erstarrten Protestantismus seiner Zeit zu reformieren und den einzelnen Christen auf der Grundlage bibelgemäßer Verkündigung zu einer lebendigen Glaubenserfahrung mit seinem persönlichen Gott und Herrn zu führen. Im Gegensatz zum verflachten Vernunft- und religiösen Beliebigkeitsglauben, der die Theologie seiner Zeit beherrschte, hielt Sander fest an der göttlichen Inspiration der Heiligen Schrift, an der von Ewigkeit her bestehenden Präexistenz und Göttlichkeit Jesu Christi sowie an der gläubigen Hinwendung des Christen an den gekreuzigten und auferstandenen Herrn.

Seine entschiedene geistliche Haltung trug ihm später – er war inzwischen Pfarrer in Barmen-Wichlinghausen – manche Verleumdung und Kritik bei kirchlichen und weltlichen Obrigkeiten ein. 1836 mußte er sich sogar vor dem Elberfelder Landgericht verantworten, weil ihn ein Schwelmer Pfarrer und 29 Presbyter der Gemeinde wegen ehrverletzender Äußerungen angezeigt hatten. Sander hatte es gewagt, die rationalistische Bibelauslegung des Pfarrers scharf anzugreifen und die Gemeindevertretung zu fragen: »Wie können Repräsentanten, Vertreter einer evangelischen Gemeinde es verantworten, einen offenbaren Gegner der evangelischen Heilslehre zum Prediger zu wählen?«

Sander wurde zu einer Strafe von 50 Talern sowie zu 100 Talern Zivilschadensersatz und Zahlung der Prozeßkosten verurteilt. Kaum zwei Jahre nach diesem Urteil wurde er mit überwältigender Mehrheit zum Pfarrer der lutherischen Gemeinde in Elberfeld gewählt.

Sein reformierter Amtsbruder Karl Krafft charakterisierte Sander nach dessen Tod:

»Seine Lippen waren mit der glühenden Kohle vom Altar des Heiligtums berührt, und unangefaßt blieb wohl selten jemand in der Versammlung, über welche sein Wort, ›brennend wie eine Fackel‹, dahinfuhr. Was seine Zuhörer so mächtig hinriß, ja überwältigte, war nicht bloß das Feuer der Begeisterung, womit er zu reden pflegte; sondern vielmehr noch die Energie tiefinnerster persönlicher Überzeugung, welche in allen seinen Predigten sich kundgab, und der unverkennbare Stempel vollkommener ungeschminkter Wahrhaftigkeit, den sie an der Stirne trugen. Er redete in der Tat nur, weil er glaubte. Sein felsenfester Glaube an die ganze Heilige Schrift als ein unfehlbares, weil vom Heiligen Geist inspiriertes und überwachtes Gotteswort, verlieh ihm sowohl die Ehrfurcht, die Akribie und den feierlichen Ernst, womit er seinen Text behandelte, als die fast unwiderstehliche Gewalt, die er über die Gemüter seiner Zuhörer ausübte. Das ›Es steht geschrieben!‹ war das Schwert seines Sieges, mit welchem er ›alle Höhe zerstörte, die wider die Erkenntnis Gottes sich erhub‹, und die Herzen für den Herrn und seine Wahrheit gefangennahm. Jedem herkömmlichen und erkünstelten Kanzelpathos von Herzen gram und ein abgesagter Feind aller gemachten Salbung und alles affektiert-süßlichen und theatralisch deklamatorischen Gebarens an heiliger Stätte, besaß er jene männliche Beredtsamkeit, welche der große Gedanke verleiht, der die Seele erfüllt.«

Sander war jedoch nicht nur ein Mann des Wortes, sondern auch der entschlossenen Tat. Als er von Leipzig ins Wuppertal berufen wurde, stellte er sich als Vorstandsmitglied der *Bergischen Bibelgesellschaft* (gegründet 1814) zur Verfügung. Er war einer der Gründer der *Rheinischen Missionsgesellschaft* und ihr langjähriger Präses. Er war Gründer und erster Vorsitzender der *Rheinisch-Westfälischen-Gustav-Adolf-Stiftung,* die zur Unterstützung bedürftiger protestantischer Diaspora-Gemeinden am 14. März 1843 gegründet wurde. Über Sanders Konfirmandenunterricht berichtet sein ihm brüderlich verbundener reformierter Amtskollege und Freund Friedrich Wilhelm Krummacher:

»Es mögen wohl nur wenige aus dem Unterricht Sanders geschieden sein, ohne mindestens einen unauslöschlichen Eindruck von der historischen Wahrheit des Evangeliums mitzunehmen.«

Am 15. Mai 1854 verließ Sander Elberfeld und begann seine Tätigkeit als Stadtpfarrer, Superintendent, Professor und Mitdirektor des Königlichen Predigerseminars in Wittenberg. Er starb dort am 28. April 1859.

Seinem seelsorgerlichen und erzieherischen Einfluß ist es wohl zuzuschreiben, daß Johanna Kesseler vier Jahre nach ihrer Konfirmation, etwa im Jahre 1843, eine gläubige Hinwendung zu Jesus Christus im Sander'schen Sinn vollzog und sich von nun an neben ihrer Fabrikarbeit ganz der Reichsgottesarbeit zuwandte.

Heirat und Ehestand

Am 5. Oktober 1853 fand im Elberfelder Rathaus, dem heutigen Von der Heydt-Museum der Stadt Wuppertal, die standesamtliche Trauung von Johanna Kesseler und Friedrich Wilhelm Faust statt. Die kirchliche Trauung wurde von Johannas Konfirmator Sander in der Kirche am Kolk vollzogen. Johannas Bräutigam war Fabrikarbeiter; er war in der Familie eines Webers und Nebenerwerbslandwirts aufgewachsen. Wilhelms Vater war schon am 29. Januar 1851 gestorben, seine Mutter, Maria Catharina, geborene Oellingrath, am 11. November 1852.

Die standesamtliche Trauung erfolgte nach den Bestimmungen des Code Napoléon, der durch kaiserliches Dekret vom 12. November 1809 für das Großherzogtum Berg Gesetzeskraft erlangt hatte. Das napoleonische Eherecht blieb bis 1875 für das Gebiet des ehemaligen Großherzogtums, zu dem auch Elberfeld gehörte, gültig. Nach Artikel 151 des Ersten Gesetzbuches waren eheliche Kinder, wenn sie das Volljährigkeitsalter erreicht hatten, verpflichtet, »vor ihrer Verheirathung um den Rath ihrer Eltern, oder, wenn diese verstorben, oder ihren Willen zu erklären unfähig sind, um den Rath ihrer Großeltern auf eine ehrerbietige und förmliche Weise nachzusuchen«.

Die Eltern der Brautleute waren gemäß Artikel 173 berechtigt, gegen die Eheschließung ihrer volljährigen Kinder Einspruch zu erheben: »Der Vater, und, in dessen Ermangelung, die Mutter, und, in Ermangelung beyder Eltern, die Großeltern, können wider die Heirath ihrer Kinder und Abkömmlinge Einspruch thun, wenngleich diese schon das Alter von fünf und zwanzig Jahren zurückgelegt haben.«

Von Johannas Mutter wird berichtet, daß sie anfänglich wegen der Trinkleidenschaft des Bräutigams gegen die Heirat war. Als Nachbarin der Faust'schen Familie am Arrenberg war ihr dieser schwerwiegende Charakterfehler Wilhelms nicht verborgen geblieben. Nach geltendem Eherecht wäre sie durchaus berechtigt gewesen, ihre Zustimmung zur Eheschließung ihrer Tochter zu verweigern und damit die Heirat zu verhindern oder zumindest zu erschweren. Sie hat vermutlich, wenn auch schweren Herzens, dem Drängen ihrer Tochter nachgegeben.

Wir wissen nicht, ob Johanna aus Liebe oder aus Mitleid Wilhelm heiraten wollte: Wilhelm Busch legt jedenfalls mit seiner Deutung den Schluß nahe, daß Johanna in der Ehe ein Mittel sah, Wilhelm vor weiterem Verderben zu bewahren, wenn er schreibt:

»Es war im Anfang der 50er Jahre, da kommt ihr geliebter Seelsorger Pastor Sander zu ihr und sagt ihr: ›Hanna, du mußt heiraten.‹ Wunderbarerweise hat sie kurz vorher einen Traum gehabt, in dem sie einen Menschen an einem Abgrund stehen sieht, der sich gar nicht mehr zu helfen weiß und dem sie die Hand zur Rettung reicht. Wenige Tage darauf kommt ihr früherer Schulkamerad Wilhelm Faust zu ihr und bittet um ihre Hand – und sie verlobt sich mit ihm.«

An der zivilrechtlichen Trauung nahmen die beiden Brüder des Bräutigams teil, Johann Friedrich und Heinrich Faust, ferner Peter Siepermann, der spätere Ehegatte von Johannas Schwester Wilhelmine, und Peter August Schwarz, vermutlich der Verlobte Gertruds, der jüngsten Schwester Johannas. Alle vier waren von Beruf Weber bzw. Fabrikarbeiter. Außer den vier gesetzlich vorgeschriebenen Zeugen war auch Johannas Mutter zugegen. Ihre Anwesenheit muß unter dem Gesichtspunkt ihres Einspruchsrechts wohl von besonderer Bedeutung für die Braut gewesen sein, gab sie doch auf diese Weise öffentlich kund, daß sie das Ehebündnis der beiden so ungleichen Partner guthieß.

Aus der Heiratsurkunde geht hervor, daß der Beamte vor der förmlichen Erklärung der Rechtskraft der Ehe das sechste Kapitel »Von den wechselseitigen Rechten und Pflichten der Ehegatten« aus dem Ersten Buch des Code Napoléon laut vorzulesen hatte. Zur Beurteilung des späteren Verhaltens von Johanna Faust gegenüber ihrem Mann und im Blick auf ihren gemeinsamen Kaffeehandel ist es vielleicht nicht unwichtig, zu wissen, auf welches Ehestandsabenteuer sich Johanna Faust damals einließ:

»212. Die Ehegatten sind einander Treue, Hülfe und Beystand schuldig.

213. Der Mann ist seiner Frau Schutz, und die Frau ihrem Manne Gehorsam schuldig.

214. Die Frau ist verbunden, bey dem Manne zu wohnen, und ihm

allenthalben hinzufolgen, wo er sich aufzuhalten für gut findet; der Mann ist schuldig, sie aufzunehmen, und ihr alles, was zum Lebensunterhalte erforderlich ist, nach seinem Vermögen und Stande zu entrichten.

220. Ist sie eine öffentliche Handelsfrau, so kann sie in ihren Handelsangelegenheiten sich ohne Genehmigung ihres Mannes verbindlich machen; sie verbindet in diesem Falle auch ihren Mann, wenn sie mit ihm in Gütergemeinschaft lebt.

Als öffentliche Handelsfrau wird sie jedoch nicht angesehen, wenn sie nur im Einzelnen die zur Handlung ihres Mannes gehörigen Waren verkauft, sondern allein in dem Falle, wenn sie einen abgesonderten Handel treibt.«

Die Heiratsurkunde wurde von allen Anwesenden unterzeichnet, außer von Johannas Mutter, die zu Protokoll gab, »des Schreibens unerfahren zu sein«. Johanna unterschrieb mit ungelenker Schrift mit ihrem Mädchennamen »Johana Keßler«. Diese Unterschrift ist der einzige uns bekannte, eigenhändig geschriebene Beleg dafür, daß Johanna schreiben konnte. Der volle Wortlaut der Urkunde wird im Anhang wiedergegeben.

Während der Ehe bestätigte es sich, daß Wilhelm der Trunksucht verfallen war. Von Zeit zu Zeit fanden Trinkgelage mit seinen Kumpanen in den Wirtshäusern statt. Zechschulden und daraus resultierende Zwistigkeiten belasteten die Ehe jahrzehntelang. Wenn Wilhelm im Wirtshaus saß, wo er sich oft tagelang aufhielt, war er seinen Zechfreunden gegenüber besonders freigebig. Seiner Frau hat er durch sein Verhalten manche schlaflose Nacht bereitet. Ein Arzt soll behauptet haben, Wilhelms geistiger und körperlicher Zustand sei so besorgniserregend, daß er sein Leben entweder im Irrenhaus oder durch Selbstmord beschließen werde. In den durchzechten Nächten ihres Mannes betete Johanna solange, bis ihr Mann nach Hause kam oder von anderen gebracht wurde. In betrunkenem Zustand war er enthemmt, aggressiv und gewalttätig. War er wieder nüchtern, dann quälten ihn schwere Schuldgefühle und Selbstvorwürfe. Gänzlich frei vom Alkohol wurde Wilhelm Faust bis zu seinem Tode nicht. 35 Jahre lang lebte Johanna mit ihrem alkoholkranken Mann bis zu seinem Tode am 2. Juni 1888 zusammen. Über ihren Ehestand schreibt Wilhelm Busch:

»In der Schule der Demütigung werden die Kinder des himmlischen Meisters erzogen zu lauterer innerer Herzensdemut. Hannas Schule wurde ihr Ehestand. Was sie da durchgekämpft, getragen und geweint hat, das gehört nicht an die Öffentlichkeit, aber der Herr weiß es und hat es gesehen. Wir, ihre Freunde, haben die süßen Früchte schmecken dürfen, die bei ihr aus dem Kreuz dieses Ehestandes herauswuchsen. Nur so viel sei hier aus der schweren Schule mitgeteilt, als ohnehin schon der Öffentlichkeit bekannt ist.

Hanna ist in den Weg eingegangen mit dem Bewußtsein, es sei der Weg des Herrn für sie. Pastor Sander glaubte ihr auch zureden zu müssen. Sie selbst glaubte, es sei des Herrn Wille, daß sie ihm an dieser ›gebundenen Seele‹ diente. ›Ach, ich ahnte nicht,‹ so erzählt sie einmal selber, ›was für ein Kreuz ich mit dem Ehestand auf mich nahm. An keinem Tag war ich meines Lebens sicher, und wenn mein armer Mann in trunkenem Zustande nach Hause kam, dann wurmte es mich doch zuweilen, wenn die Leute sagten: Die Hanna Faust sollte sich lieber ihres armen Mannes annehmen, als an anderen so viel tun. Er aber, der Mann selbst, kannte das Opfer, das ich ihm brachte – Pastor Sander sagte mir, ich brauche weder nach menschlichem noch nach göttlichem Rechte bei ihm zu bleiben –, und sagte oft in rührendem Tone: ›Hanna, du bleibst doch bei mir?‹ Ob allerdings nicht doch etwas von eigenem Weg und Willen dabei war, daß Tante Hanna diesen Weg ging, das bleibe dahingestellt. Ihre Mutter war nicht ganz dafür, wiewohl sie später das Jawort gab, als sie die Sache nicht mehr ändern konnte, und wir meinen, gerade bei Eheschließungen sei der Gehorsam gegen die Eltern eine unerläßliche Vorbedingung für göttlichen Segen. Hanna hätte sich manche bittere Stunde erspart, wenn sie diesen Bund nicht geschlossen hätte. Aber als sie dann in der schweren Stunde des Ehestandes drin war, da hat sie sich in derselben bewiesen als eine rechte, wahre Christin. Es hat später nicht an Versuchen gefehlt von befreundeter Seite, die sie bewegen wollten, das Eheband zu lösen, aber sie hätte das für ein ›Aus der Schule laufen‹ gehalten. Sie wollte nun ihr Kreuz tragen, bis der Herr es ihr abnahm, und wenn sie auch bei Freunden darüber in Mißkredit kam.«

Die Ehe blieb kinderlos. Johanna mußte von ihrem sauer verdienten Lohn die Zechschulden ihres Mannes bezahlen, wenn er selbst dazu nicht mehr imstande war. Irgendwann um 1856 – genauere Angaben konnten leider nicht ermittelt werden – gaben Johanna und Wilhelm Faust ihre Tätigkeit als Weberin bzw. als Riemendreher auf und eröffneten gemeinsam einen Hausierhandel mit Spezereiwaren, insbesondere mit Kaffee, im eigenen Haus. Erst das Elberfelder Adreßbuch für das Jahr 1868 weist beide als Betreiber einer »Spacereiwarenhandlung« aus. In der Sterbeurkunde der »Händlerin Johanna Faust« vom 17. Dezember 1903 wird sie als »Witwe des Spacereihändlers Friedrich Wilhelm Faust« bezeichnet. Mit dem Kaffeehandel erwarben sich die beiden Eheleute im Laufe der Zeit einen bescheidenen Wohlstand. Julius Leithäuser schreibt in seiner Volks- und Heimatkunde des Wupperlandes, daß »Hanna Faust eine schlichte Arbeiterfrau aus Elberfeld (war), die sich und ihren dem Trunke ergebenen Mann durch einen Hausierhandel mit Kaffee schlecht und recht ernährte.«

Johannas Kaffeehandel ist deshalb für ihre weitere Arbeit von so ausschlaggebender Bedeutung, weil er ihr die Gelegenheit verschaffte, täglich mit vielen Menschen in Verbindung zu treten. In Körben trug sie ihre Waren in die Häuser der Armen und der Reichen. Ihre regelmäßigen Besuche in den Arbeiterwohnungen vermittelten ihr einen tiefen Einblick in das materielle und geistige Elend der Armen. Besuchte sie die Wohlhabenden, erinnerte sie diese in ihrer kindlich-unbekümmerten Art an ihre Christenpflicht zur Linderung der Not der Ärmsten. Oft verließ sie die Häuser der Reichen mit Spenden für die Armen. Als eins von vielen Beispielen sei hier der Gutsbesitzer Ewald Greeff (1835-1918) genannt, dem Johanna Faust jahrzehntelang alle 14 Tage Kaffee nach Gut Porten bei Vohwinkel brachte und mit Geschenken für die Armen wieder nach Hause ging. Weiterhin lieferte Johanna regelmäßig Kaffee an den ihr wohlbekannten Elberfelder Gefängnisgeistlichen Karl Heinersdorff und seit 1882 an das Elberfeld-Barmer Zufluchtshaus am Ostersbaum und später in der Straßburger Straße.

Welchen Anteil Wilhelm Faust am gemeinsamen Handelsgewerbe hatte, ist unbekannt. Als Trinker war er unzuverlässig, und Bargeld stellte für ihn eine ständige Versuchung zum Trinken dar.

Sein Lebensschicksal war damals kein Einzelfall. Nicht wenige Arbeiter waren Tag für Tag betrunken und suchten ihre Sorgen im

Alkoholrausch zu ertränken. Schon die Kinder wuchsen mit der Schnapsflasche auf, die ihnen unverständige Eltern als »Beruhigungsmittel« reichten. Vor allem der billige Fusel war für weite Kreise der armen Bevölkerung das einzige Genuß- und Betäubungsmittel. Eine Bekanntmachung des Elberfelder Kreispolizeidirektors aus dem Jahre 1853 zeigt das ganze Ausmaß der Suchtgefährdung: In Elberfeld gab es so viele Wirtschaften, daß auf 142 Einwohner eine Schenke entfiel. Schon 1839 schrieb der junge Friedrich Engels in seinen »Briefen aus dem Wuppertal«:

»Alle Kneipen sind, besonders Sonnabend und Sonntag, überfüllt, und abends um 11 Uhr, wenn sie geschlossen werden, entströmen ihnen die Betrunkenen und schlafen ihren Rausch meistens im Chausseegraben aus.«

Der Elendsalkoholismus war unter der armen Bevölkerung weit verbreitet und führte die Abhängigen immer tiefer in Verwahrlosung, Krankheit, materielle Not, Kriminalität und Prostitution hinein.

Doch Trinker gab es nicht nur bei den Arbeitern, sondern auch unter bürgerlichen Honoratioren und Adligen. Gerade in diese Zeit des grassierenden Alkoholmißbrauchs fallen die Gründungen der christlichen Mäßigkeits- und Enthaltsamkeitsvereine, aus denen dann später im Jahre 1877 in Genf das *Blaue Kreuz* hervorging, das 1885 auch in Deutschland Fuß faßte. Dem Blauen Kreuz ging es nicht nur, wie den Mäßigkeitsvereinen, um den Entzug von Branntwein, sondern um Totalabstinenz.

Die Gründung des Blauen Kreuzes ist sowohl sozial- und medizingeschichtlich als auch vor allem kirchengeschichtlich von besonderer Bedeutung. Der Alkoholiker, wie Wilhelm Faust einer war, galt als unheilbar. Daß bereits nach zwanzigjähriger Tätigkeit des Blauen Kreuzes 5.000 chronische Alkoholiker ohne Anstaltspflege und äußeren Zwang dauernd abstinent leben konnten, war für die damalige Medizin eine Überraschung. Kirchengeschichtlich ist die Gründung deswegen bedeutsam, weil sie zu den großen sozialen Pioniertaten entschiedener Christen, Theologen wie Laien, gehört. Das Besondere der »Wunderkur« der Totalabstinenz bestand darin, daß dem Leben des gesellschaftlich abgeschriebenen und verachteten Trinkers durch die Frohe Botschaft von dem Heiland, der die Gebundenen frei macht, ein neues Ziel gegeben wurde.

Zu den Aktivitäten des Blauen Kreuzes gehörte u.a. die Herausgabe des seit 1885 einmal monatlich im Berner Verlag des Blauen Kreuzes erscheinenden Verteilblattes »Illustrierter Arbeiterfreund«. Johanna Faust beteiligte sich selbst aktiv an der Verbreitung des Blattes, vor allem in solchen Stadtteilen, in denen zahlreiche Anhänger des Sozialistenführers August Bebel wohnten.

Anfänglich stieß sie – wie nicht anders zu erwarten – auf Feindseligkeit und Ablehnung: Die Blätter wurden spöttisch und zornig zurückgewiesen oder vor ihren Augen zerrissen. Nach einiger Zeit ließ jedoch wegen Johannas beharrlichen Werbens und wegen ihrer entwaffnenden Freundlichkeit der Widerstand nach; einige Arbeiter oder ihre Frauen erklärten sich sogar bereit, das Blatt regelmäßig zu beziehen und dafür eine geringe Gebühr zu entrichten.

Wegen ihres aktiven Einsatzes für die Anliegen des Blauen Kreuzes, das sie im Blick auf die leidvollen Erfahrungen mit ihrem eigenen Mann vorbehaltlos unterstützte, kann Johanna Faust als eine der vorbildlichen Wegbereiterinnen der Abstinenzbewegung im Wuppertal gelten.

Tante Hannas Häuschen am Arrenberg

Schon in den vierziger Jahren versammelten sich im Kesseler'schen Haus Gläubige zur gemeinsamen Bibelbetrachtung und zum Gebet. Es war ein fester Kreis, der sich am Arrenberg um die junge Johanna Kesseler geschart hatte: einfache Leute, die treu über Jahrzehnte zusammenhielten, sich gegenseitig durch Gottes Wort bestärken und gemeinsam Nächstenliebe an Außenstehenden praktizieren wollten. Durch ihr Tun bestätigten sie den schlichten Grundsatz christlicher Diakonie »Gerettetsein gibt Rettersinn«.

So besuchte Johanna mit ihren Freunden und Freundinnen, ungeachtet ihrer eigenen anstrengenden Berufs- und Hausarbeit, Kranke, Arme und Alte. Mit Eimer, Putztuch und Schrubber gingen sie in die verkommensten Hütten, reinigten sie von Unrat, fegten die Stuben und ordneten die Betten. Oder sie trugen Suppe und Brot zu den Bedürftigen. Alles dies taten sie in der Überzeugung, daß jene Menschen nur dann das rettende Wort Gottes annehmen und verstehen können, wenn sie in ihrem äußeren Elend etwas von der selbstlosen Nächstenliebe der Geretteten zu spüren bekommen.

Schon bald nach ihrer Heirat wurden auf Anregung des weitsichtigen, volksmissionarisch engagierten lutherischen Pastors Ludwig Feldner im Faust'schen Haus in der Riemenstraße 26 regelmäßig Bibelstunden abgehalten. Als 1854/55 der 1855 an die lutherische Gemeinde Elberfeld berufene Pastor Gottlob Barner während eines Besuchs in Elberfeld weilte, hielt er »Erbauungsstunden« »bei der Hanna am Arrenberg«. Pastor Heinrich Wilhelm Rinck entwickelte aus der Bibelstunde die »Bibelbesprechstunde«, die alle vier Wochen sonntagsabends stattfand. Geleitet wurden sie reihum in brüderlichem Einvernehmen von den Pastoren der lutherischen, reformierten und freien evangelischen Gemeinde. Über die 1846 zuerst in London, dann 1857 unter reger Anteilnahme des preußischen Königs Friedrich Wilhelm IV. in Berlin gegründete *Evangelische Allianz* wurde hier nicht lange diskutiert, hier wurde sie praktiziert.

Dieser Gemeinschaftskreis am Arrenberg, dessen Frömmigkeit stark von der Erweckungsbewegung beeinflußt war, wirkte belebend und anspornend auf die weitere diakonische Tätigkeit von Johanna Faust. Seine Mitglieder boten ihr den nötigen persönlichen Rückhalt durch Gebet und Fürbitte; sie sammelten Geld und guterhaltene Gegenstände für den alltäglichen Gebrauch der Hilfsbedürftigen und sprangen Johanna hilfreich bei ihrem Einsatz »vor Ort« bei. In dieser kleinen, oft verachteten und verspotteten Gemeinschaft kümmerte man sich ohne Ansehen der Person um die Nöte eines jeden einzelnen in der Nachbarschaft. Hier gingen Wortverkündigung, Lobpreis Gottes und praktische Nächstenliebe unmittelbar ineinander über; hier bildete sich die Keimzelle der späteren Elendstaler Arbeit.

Auch wenn Johanna Faust immer wieder gegen Uneinigkeit und Schwächen der Christen ankämpfen mußte, hielt sie auf Grund ihrer eigenen Erfahrungen an dem Grundsatz fest: »Wir müssen in der Gemeinschaft bleiben!« Sie ist nicht nur in den Konfirmandenunterricht und in die sonntäglichen Gottesdienste ihrer Gemeinde gegangen, sondern war ihr Leben lang eines der treuesten und aktivsten

Riemenstraße 26

Glieder ihrer lutherischen Gemeinde in Elberfeld, auch wenn sie ihre Arbeit als einen die Gemeindegrenzen überschreitenden Dienst im Sinne der von Johann Hinrich Wichern so bezeichneten *Inneren Mission* verstand. Am Sonntag nach ihrer Beerdigung am 27. Dezember 1903 fand in ihrem Arrenberger Haus eine Bibelstunde als »Gedächtnisfeier zum Andenken an die heimgegangene Frau Faust« statt, in der der Text aus Hebräer 11,13-16 ausgelegt wurde:

»Diese alle sind gestorben im Glauben und haben das Verheißene nicht erlangt, sondern es nur von ferne gesehen und gegrüßt und haben bekannt, daß sie Gäste und Fremdlinge auf Erden sind. Wenn sie aber solches sagen, geben sie zu verstehen, daß sie ein Vaterland suchen. Und wenn sie das Land gemeint hätten, von dem sie ausgezogen waren, hätten sie ja Zeit gehabt, wieder umzukehren. Nun aber sehnen sie sich nach einem besseren Vaterland, nämlich dem himmlischen. Darum schämt sich Gott ihrer nicht, ihr Gott zu heißen; denn er hat ihnen eine Stadt gebaut.«

Über Tante Hannas kleines Häuschen in der Riemenstraße, in welchem Bibel- und Gebetsstunden gehalten wurden, sich der Jünglingsverein versammelte und sich Frauen und Mädchen zu Handarbeits- und Ausbesserungsarbeiten trafen, schrieb Wilhelm Busch:

»Wenn man hineintritt, liegt links gleich an der Haustüre die einfache Küche, in der man gewöhnlich von der freundlichen Hauswirtin begrüßt wurde. Wie fehlt sie uns heute allen, wenn wir das Häuslein betreten! Geradeaus, gerade der Haustür gegenüber, liegen zwei größere Zimmer, beide miteinander verbunden und so einen Raum bildend für Bibelstunde und Vereinsabende. Rechts von der Haustür, der Küche gegenüber, liegt ein kleines Zimmer, das im Notfall auch zu jenem größeren Raum zugezogen werden konnte und in der Woche als Aufbewahrungsort für ihre Armensachen diente. Oben enthält das Haus einige Dachkammern, unter anderem auch Tante Hannas einfaches, fast ärmliches Schlafgemach . . .

Am meisten empfing das Häuslein Besuche am Samstagabend. Da ging die Klingel an der Türe bis fast gegen Mitternacht. Was waren das denn für Gäste, die sich so still hereinschlichen und sich ebenso still wieder entfernten? Das waren die besten Freunde unserer Frau Faust, die auch bei ihrem Tode am meisten verloren haben – ihre Armen. Alle, die da kamen, gingen mit irgendeiner Gabe wieder davon.

Da hatte sie einen Raum im Hause, der für Fremde wirklich eine Sehenswürdigkeit war: ihr Armenstübchen. Hier sah es bisweilen aus wie in einem Trödlerladen. Wer unter uns könnte das glückliche Gesicht unserer Tante Hanna vergessen, wenn sie uns in das Zimmer hineinführte, wo all die Schätze aufgespeichert waren, etwa für die Weihnachtsfeier oder für irgend eine Verlosung!

Da trug sie von einer Reihe von Bäckern Backwaren zusammen, die nicht mehr ganz frisch waren. Alles, was ein Mensch nur an Bekleidung vom Kopf bis zu Fuß nötig hat, konnte man da aufgespeichert sehen, getragene Kleider und Schuhe, aber auch neue, denn wieviel Paar gute, derbe Schuhe hat sie von armen Schuhmachern anfertigen lassen! Das Zimmer war wie eine Schatzkammer, wo die unermüdliche Sammlerin immer wieder neue Schätze zusammentrug, um dann fröhlichen Angesichtes auszuteilen. Ja, die Armen, sie kannten das Haus an der Riemenstraße und liebten es.

Aber auch von außen kamen die Gäste. Wenn die schwäbischen Kandidaten oder die Domkandidaten aus Berlin auf ihren Studienreisen durchs Wuppertal zogen, oder wenn fremde Gäste zur Festwoche hier weilten, viele, viele sind in jenes kleine Haus geführt worden und haben unvergeßliche, tiefe Eindrücke mitgenommen.«

Die Entstehung des Elendstals

Wer heute einen Wuppertaler Stadtplan zur Hand nimmt und das
»Elendstal« sucht, wird zunächst wenig Erfolg haben. Doch wer sich
die Mühe macht, im Südwesten der heutigen Stadt Wuppertal den
Kiesberg zu ersteigen, wird oberhalb des Wuppertaler Zoos eine
Einsattelung mit der Bezeichnung »Am Elend« und das Wuppertaler Bibelseminar der *Evangelischen Gesellschaft für Deutschland*
finden.

Am 5. Dezember 1879 wurde die *Aktiengesellschaft Zoologischer
Garten* gegründet. Schon knapp zwei Jahre später, am 8. September
1881, wurde der Zoologische Garten eröffnet, der heute zu den land-
schaftlich am schönsten gelegenen Tierparks in Deutschland zählt.
Vor der Errichtung des Zoos aber und vor dem Bau des Villenvier-
tels in den achtziger und neunziger Jahren war das Gebiet, das die
Flurbezeichnung »Kothen« trug, überwiegend landwirtschaftlich
geprägt. Es gab zwei Gehöfte, eines in unmittelbarer Nähe des

KAPELLE IM ELENDSTHAL BEI ELBERFELD.

*Vorder- und Rückseite einer Einladungskarte zur Einweihung dieser
Kapelle . . .*

Elendstals, ein anderes unterhalb des Zoos, von dem Teile zum heutigen Restaurant »Zum alten Kuhstall« gehören. Neben modernen Wohngebäuden, nach 1961 erbaut, gehört zum Elendstal auch ein altes Fachwerkhaus, das 1872 errichtet wurde und allgemein »Elendstaler Kapelle« hieß und gegenwärtig als Gedenkstätte für Johanna Faust dient.

Der Spaziergänger wird überrascht sein, daß der Weg zum »Tal« mit dem merkwürdigen Namen durch prächtigen Laubwald immer bergan führt. Und wer dort oben steht und seine Blicke umherschweifen läßt, auf Sonnborn, Vohwinkel und die Villenviertel, der wird sich über den Namen »Elendstal« wundern.

Die Gegend erhielt ihren Namen vermutlich durch einen Elberfelder Stadtbeauftragten, der dort bei einem Inspektionsgang in den fünfziger Jahren des 19. Jahrhunderts ein erschreckendes soziales Elend vorfand. Die durch die Bauernbefreiung und die einsetzende Industrialisierung ausgelöste Zuwanderung aus verschiedenen Teilen Deutschlands führte zu einer katastrophalen Wohn- und Arbeitsmarktsituation in Wuppertal und zur Entstehung von Elendsvier-

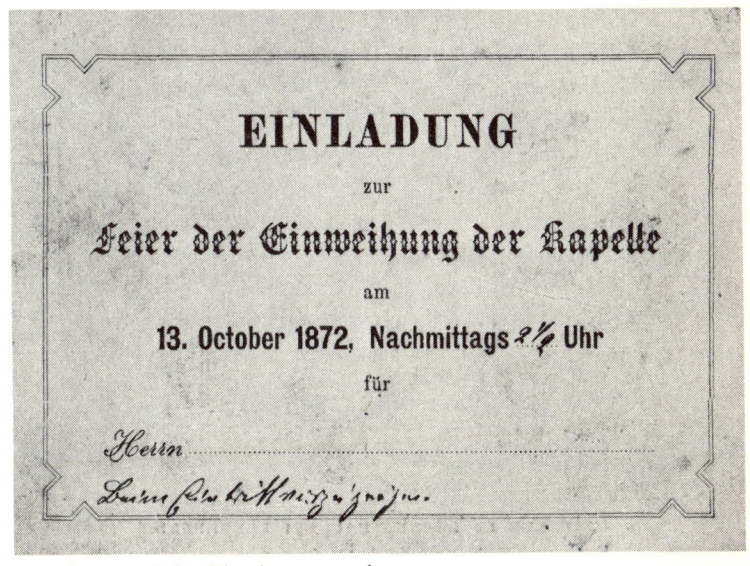

... sie war »Beim Eintritt vorzuzeigen«

teln, vergleichbar den Slums in Nord- und Südamerika sowie in Südostasien heute: Dort auf dem Kiesberg hausten verelendete Arbeiter und Arbeitslose, zum Teil mit ihren Familien, in selbstgebauten Lehm- und Bretterhütten, weil sie in der überfüllten Stadt keine Wohnungen mehr gefunden hatten oder wegen ihres geringen oder gänzlich fehlenden Einkommens die Mieten nicht mehr aufbringen konnten. In einem zeitgenössischen Bericht heißt es:

»Einige starke Pfähle waren in den Boden gerammt, ungehobelte Bretter bildeten Wände und Dach. In der Mitte solch einer Hütte stand ein wackeliger Tisch mit zerbrochenem Porzellan sowie einige alte, ebenso morsche Stühle. In einer Ecke war eine Art Bettraum hergestellt. Die Kopfseite sowie eine Seitenwand und das Fußende wurden durch die natürlichen Wände der Hütte gebildet, die zweite Seitenwand und das Fußende durch zwei hochgestellte Bretter. Auf dem nicht gedielten Boden ersetzte Laub die Federn oder die Matratze, und ein altes graues, zerrissenes Packtuch die weiße Leinwand. Dies war die Schlafstätte für Mann, Frau und einige Kinder.«

Obwohl die soziale Lage der Menschen auf dem Kiesberg den Verantwortlichen der Stadt bekannt gewesen sein mußte, erfolgte noch kein Eingreifen der Elberfelder Armenverwaltung. Das 1853 durch die Ratsherren Daniel von der Heydt, David Peters und Gustav Schlieper eingeführte *Elberfelder System* der ehrenamtlichen kommunalen Armenpflege, das in den folgenden Jahrzehnten wegen seiner sozialpolitischen Fortschrittlichkeit sogar Weltruhm erlangte, vermochte die dort hausenden Menschen nicht zu erreichen.

Im Jahre 1868 erfuhr Johanna Faust – vermutlich durch einen im benachbarten Krankenhaus beschäftigten Diakon – von der unbeschreiblichen Armut im Elendstal und entschloß sich, den Menschen dort zu helfen. Ihre Hilfsbereitschaft stieß jedoch bei den Betroffenen zunächst auf Mißtrauen und Argwohn. Verbitterte und vom Leben enttäuschte Menschen verhalten sich erfahrungsgemäß mißtrauisch und skeptisch gegenüber spontan angebotener Hilfe.

Weil die Erwachsenen zunächst abweisend waren, wandte sich Johanna Faust den zerlumpten und ausgehungerten Kindern zu, denen sie etwas zu Essen und zum Anziehen vom Arrenberg mit heraufbrachte. Sonntags ging sie zu ihnen, um ihnen biblische Geschichten zu erzählen.

Bei gutem Wetter traf sie sich mit den Kindern im Freien. Doch wenn es regnete, gab es nirgendwo für sie eine Bleibe. Im Winter waren überhaupt keine Zusammenkünfte möglich. Dies änderte sich erst, nachdem Pastor Rinck auf dem Kiesberg mehrere Male selbst eine Bibelstunde im Freien gehalten hatte: Einige der Familien gewannen eine solche Freude an der biblischen Botschaft, daß sich schließlich eine von ihnen bereit erklärte, in ihrer ärmlichen Hütte ein Zimmerchen zur Verfügung zu stellen, damit die Bibel- und die »Kindererzählstunde« auch bei schlechtem Wetter stattfinden konnten. Die Zahl der Besucher wuchs, und der Raum erwies sich nach kurzer Zeit als zu klein. Deshalb plante Johanna Faust die Errichtung einer großen Bretterhütte als Versammlungsraum.

Tante Hannas Helfer unter der freistehenden Glocke

Einer namentlich nicht genannten Freundin hat Johanna Faust die Geschichte der Entstehung des Elendstals in Elberfelder Mundart erzählt. Diese hat sie aufgeschrieben und Wilhelm Busch für seine Biographie zur Verfügung gestellt. Die folgenden Auszüge sind eine Übertragung ins Hochdeutsche. Sie hält sich streng an die Eigenheiten der Sprechweise der Tante Hanna und gewährt einen Einblick in die Art und Weise ihres Glaubens und Handelns:

»Es fand sich niemand, der es umsonst machen wollte. Und da war meine Not groß. Da konnte ich nicht mehr schlafen; und in der dritten Nacht um zwei Uhr sagte der Herr zu mir: ›Du fängst an zu bauen.‹ – Das ist die klare Wahrheit – manch einer glaubt das nicht. Und da sagte ich: ›Herr, ich habe keinen Pfennig‹. ›Fang du an, dann will ich meinen Namen dort groß machen‹. Da sagte ich wieder: ›Herr, willst du deinen Namen dort groß machen, so mußt du meinen klein machen. Du weißt, wie es mit uns Menschen ist, daß wir uns gern etwas einbilden.‹ Und da war ich mir noch nicht so sicher, und da sagte ich: ›Dann mußt du mir aber noch was zukommen lassen, weil doch die Frau in der Stille wirken soll.‹ Da bin ich zu zwei Sachverständigen gegangen, zwei alte Freunde N. und V., und sagte ihnen: ›So und so, und ob sie es für passend hielten, daß ich als Frau bauen sollte‹. Da sagten die: ›Hanna, fang mal an zu bauen, wir lassen dich auch nicht sitzen‹. Da wurde es mir alles klar gezeigt, wie ich es machen sollte (das sind keine Einbildungen, sondern Tatsachen), klar wie ein Buch.«

Daraufhin legte sie ein Kollektenbuch mit einer Empfehlung von Pastor Rinck an, in das nach und nach alle ihr bekannten reichen Leute 25 Taler einzeichneten und die übrigen Freunde, so viel sie konnten. Je 100 Taler gaben die beiden Unternehmer Boeddinghaus und Meckel, der eine ein Lutheraner, der andere ein Calvinist. Als Architekt wurde Heinrich Bramesfeld gefunden, der auch später die Planung und Ausführung der Elberfelder Trinitatiskirche leitete. Er war Erbauer zahlreicher Wohnhäuser und Villen; von ihm stammt beispielsweise der Entwurf der unter Denkmalschutz stehenden Villa des Fabrikanten Julius Schmits in der Luisenstraße in Elberfeld aus dem Jahre 1882.

Der Vohwinkler Ziegeleibesitzer Blumhardt schenkte die Steine, ihr Kaffee-Kunde Greeff von Gut Porten übernahm kostenlos deren

Transport zum Elendstal; zwei befreundete Holzhändler aus Köln-Mülheim und Benrath, die sie persönlich aufsuchte, stifteten das Bauholz. Von ihrem Vetter Wilhelm Fischbach, der auf der Königshöhe eine Ausflugsgaststätte betrieb, bekam Johanna Faust den Bauplatz und die Bruchsteine für den Sockel und den Keller geschenkt.

Mit Hilfe so vieler Freunde gelang ihr weit mehr, als sie sich ursprünglich erhofft hatte: nicht eine unsolide Bretterhütte, sondern ein ansehnliches Fachwerkhaus konnte gebaut werden. Am 13. Oktober 1872 konnte die Einweihungsfeier stattfinden. Das Gebäude erhielt auf Vorschlag des Architekten die Bezeichnung »Elendstaler Kapelle«. Bei der Einweihungsfeier, die im Fischbach'schen Lokal auf der Königshöhe stattfand, waren dann auch Wilhelm Boeddinghaus und Wilhelm Meckel sowie die Pastoren Rinck und Carl Krafft anwesend.

Im geräumigen Lokal ihres Vetters fanden weiterhin alle größeren Versammlungen statt, die das Fassungsvermögen der Elendstaler Kapelle weit überschritten. Als Ende der siebziger Jahre Wilhelm Fischbach sein Anwesen auf der Königshöhe an Baron August von der Heydt (1851-1929) verkaufte, mußte Johanna Faust erneut überlegen, wo sie künftig ihre großen Versammlungen abhalten sollte.

Anfangs behalf sie sich mit einem von ihrem Jungfrauenverein aus zahllosen Lappen zusammengenähten Zelt. Als das jedoch einem Gewitter nicht mehr standhielt und vom Sturm zerrissen wurde, erklärte sich Wilhelm Boeddinghaus wieder einmal bereit, die Kosten für eine überdachte Halle zu übernehmen. Aber auch sie war nicht wetterfest und nicht groß genug. Als sie in Anwesenheit vieler Festgäste eingeweiht werden sollte, setzte ein wolkenbruchartiger Regen ein. Tante Hanna berichtete darüber:

»Ich ging aus dem Haus und stellte mich hin und sah die schwarzen Wolken; da sagte ich: ›Was soll das nun geben, da sind all die zarten Damen, die kriegen nasse Füße!‹ Und da wurde mir zugerufen: ›Sei stille dem Herrn und warte auf ihn‹. Da ging ich wieder herein, und da fing es an zu regnen. Es war aber noch kein Pappdeckel auf dem Dach, und da regnete es herein; es war aber kein Regen, es war ein Wolkenbruch. Da wurden alle nass, von oben und von unten. Es regnete durch die Bretter, und das Wasser kam auch von dem Berg herab, so daß die Leute sich alle auf die Bänke stellten. Und als es immer schlimmer wurde, da flüchteten wir alle in die Kapelle, die war ja dicht. Und da sagte der Herr Boeddinghaus: ›Herr Baumeister, haben Sie schon die Rechnung ausgeschrieben?‹ Da sagt der Baumeister: ›Nein, Herr Boeddinghaus‹. Da sagte der Herr Boeddinghaus: ›Nun, dann warten Sie auch noch damit, dem Haus fehlt noch viel. Das ist noch nicht fertig‹. Und da hat der Herr Boeddinghaus es bauen lassen mit einem Dach und mit Fenstern, so wie es jetzt ist; nur der Fußboden war noch nicht da. Da war noch Erde. Wir nannten diese Halle ›Zelte‹; und das war auch bald zu klein. Und da stand ich einmal am Sonntag abend auf dem Plätzchen im Busch, wo jetzt der neue Saal ist und da sagte ich: ›Herr, das faßt die Menschen nicht mehr alle; es wäre doch gut, wenn es noch ein bißchen größer würde‹.«

Die nach und nach im Elendstal errichteten Gebäude gingen auf Grund eines Vertrags zwischen Johanna Faust und der Evangelischen Gesellschaft für Deutschland am 16. Oktober 1899 in den Besitz der Gesellschaft über.

Das alte Fachwerkhaus umrahmt von den neuen Seminargebäuden der Evangelischen Gesellschaft

Elendstaler Feste und Versammlungen

Jeden Sonntag, am frühen Nachmittag, wurde es im Elendstal lebendig, denn dann kamen von überall her die Kinder zur Kindererzählstunde. Im Anschluß daran versammelte sich der *Elendstaler Missions-Jungfrauen-Verein*, und den Abschluß des Tages bildete eine Bibelstunde, an der auch Besucher aus der näheren Umgebung teilnahmen.

Im Sommer verging kaum ein Tag, an dem nicht ein Jünglings-, Jungmädchen- oder Männerverein aus der näheren und weiteren Umgebung den Kiesberg hinauf zum Elendstal wanderten. Denn im Laufe der Jahre wurde es für zahlreiche christliche Vereine und Kreise in Elberfeld und Barmen zur Tradition, mindestens einmal im Jahr das Elendstal zu besuchen. An erster Stelle stehen die Sonntagsschulen der lutherischen und reformierten Gemeinden, die alljährlich einen Ausflug mit 500-800 Kindern ins Elendstal unternahmen. An zweiter Stelle sind die Jünglingsvereine, die Brüder des Barmer Jo-

Die große Halle, in der sich Kinder und Erwachsene zum Feiern sammelten

43

hanneums und die Seminaristen der Rheinischen Missionsgesellschaft zu nennen, die sich regelmäßig im Elendstal zu evangelistischen Zusammenkünften versammelten.

Außerdem organisierte Johanna Faust jährlich weitere sechs Feste: Regelmäßig im Frühjahr wurde der Geburtstag Kaiser Wilhelms I. am 22. März gefeiert. Von einer solchen Kaisergeburtstagsfeier im Elendstal berichtete der »*Tägliche Anzeiger für Berg und Mark*« am 25. März 1879:

»Eine recht sinnige Nachfeier fand am Sonntag nachmittag im Elendstal statt. In dem dort von Freunden des Elendstals errichteten Saale hatten sich ungefähr 300 Personen eingefunden, welche unter patriotischen Ansprachen, Deklamationen und den Vorträgen zweier Gesangvereine das Andenken an den Geburtstag Sr. Majestät begingen. Ganz besonders wurde die Versammlung durch das Erscheinen des Herrn Oberbürgermeisters erfreut, welcher längere Zeit in dem frohen Kreise verweilte und sich höchst anerkennend und aufmunternd über die Bestrebungen der Freunde des Elendstales äußerte.«

Oberbürgermeister der Stadt Elberfeld war damals Geheimrat Adolf Jäger. Er war ein überzeugter Anhänger und wohlwollender Förderer von Johanna Faust. Jedes Jahr zu Weihnachten lud er sie mit einer Schar Kinder in sein Haus ein, wo er sie reich beschenkte.

Alljährlich fand am Ostermontag das »Volksfest« statt, und am Himmelfahrtstag trafen sich alle Förderer und Freunde der Arbeit von Johanna Faust zum »Freundesfest«. Dann wurden die Tische besonders festlich mit weißen Tischdecken und Blumen geschmückt. Das »Missionsfest« des Elendstals wurde durch Pastor Heinrich Niemöller wenige Jahre vor dem Tod der Tante Hanna ins Leben gerufen. Es wurde regelmäßig am Pfingstmontag gefeiert. Bei schönem Wetter fanden sich mehr als tausend Besucher im Freien ein. Im August bzw. September eines jeden Jahres kamen große Scharen von Kindern zum »Kindermissionsfest« zusammen. Von ihrem großherzigsten Förderer aus der Königstraße in Elberfeld, Wilhelm Boeddinghaus, erhielt Johanna Faust jährlich die Geldmittel für das von ihr so bezeichnete »Armenfest«. Alle, die dann kamen, waren ihre Ehrengäste, und nach einem ausgiebigen Kaffeetrinken bekam jeder Mann sogar noch eine Zigarre geschenkt.

Bei allen diesen Festen stand der Lobpreis Gottes und die Frohe Botschaft vom gekreuzigten, auferstandenen und wiederkommenden Herrn im Mittelpunkt. Sie erhielten ihren unschätzbaren Wert durch die gemeinschaftlich erlebte Freude, die noch lange in den Gemeinden und Vereinen des Wuppertals und seiner Umgebung nachklang.

Tante Hanna organisierte diese Feste bis ins kleinste Detail. Sie sorgte für reichlich Kaffee, der in großen Kesseln gekocht wurde; Freundinnen halfen ihr, die Butterbrote zu streichen. Für die Festredner, unter denen sich viele Prediger des Wuppertals befanden, war es eine besondere Auszeichnung, im Elendstal predigen zu dürfen. Zu denen, die hier regelmäßig Gottesdienste hielten, gehörten die lutherischen Pastoren Gottlob Barner, Ludwig Feldner, Eduard Keeser, Emil Ohly, Heinrich Wilhelm Rinck, die reformierten Pastoren Jakob Haarbeck, Leonhard Müller, Carl Krafft, Johannes Hörnemann, Karl Krummacher, der Elberfelder Gefängnispfarrer Karl Heinersdorff und der Prediger der Freien Evangelischen Gemeinde Elberfeld-Barmen, Heinrich Neviandt. Tante Hanna brachte die

»Hier werden die schönsten Waldfeste gefeiert. Es war da so ein Menschengedränge . . .«

45

Die Gäste sind gekommen

Einladungen zu den Festen selbst in die Häuser und begrüßte jeden ihrer Gäste auf dem Kiesberg persönlich. Johanna Kullen, die spätere Frau des Elberfelder Pfarrers Dr. Wilhelm Busch, hielt ihre Eindrükke von diesen Festen in ihrem Tagebuch fest:

»Ganz besonders schön waren auch die Feste im Elendstal. Das ist ein einfaches, langgestrecktes Holzhaus, das die bekannte ›Tante Hanna‹ errichtet hat, und hier werden die schönsten Waldfeste gefeiert. Man zahlt ein paar Pfennige Eintritt und trinkt dafür viel Kaffee, unzählbare Massen Butterbrote werden da vertilgt ... Es war da so ein Menschengedränge, daß ich, getrennt von allen Verwandten, allein in ein Eckchen zu sitzen kam.«

Die liebevolle und phantasiereiche Fürsorge der Tante Hanna reichte über die Feste weit hinaus. So wurde der bei den Festen verwandte Blumenschmuck anschließend von ihr und ihren Helferinnen und Helfern als Gruß an Kranke und Einsame weiterverschenkt. Nach den Festen bediente sie mit dem übriggebliebenen Kaffee und den restlichen Butterbroten die Landstreicher, die nachts im Elendstal ihre Lagerstätte aufschlugen.

Es blieb nicht aus, daß dieser einst unwirtliche, von Not und Armut gezeichnete Ort sich zu einem segenspendenden Zentrum evangelistischer Verkündigung und christlicher Festtagsfreude im Wuppertal entwickelte, der weit über das Bergische Land hinaus bekannt wurde. Vor allem für die Arbeiter und Arbeiterinnen schuf Johanna Faust eine Versammlungsstätte, die gleichzeitig zu einer Begegnungsstätte für Arbeiter und Unternehmer, für Arme und Reiche auf der gemeinsamen Grundlage christlichen Glaubens und Bekenntnisses wurde. Die Zusage, die ihr einst der Herr im Gebet gegeben hatte: »Ich will meinen Namen dort groß machen«, war über alle Hoffnungen und Wünsche hinaus in Erfüllung gegangen. Gott selbst hatte sich dafür verbürgt, daß an jedem Ort, wo er seines Namens gedenken läßt, er selbst zu den Menschen kommen und sie segnen werde (2. Mose 20,24).

Harmonium und viele Stühle warten auf die Gottesdienst-Besucher

Tante Hannas Hilfe für die Armen

Johanna Faust erbettelte sich nicht nur für den Bau der Elendstaler Kapelle und für ihre Festveranstaltungen das erforderliche Geld, sondern auch für bedürftige Menschen, mit denen sie durch ihren Kaffeehandel täglich in Kontakt kam. Weil sie selbst aus einfachen Lebensverhältnissen stammte und weiterhin in solchen lebte, erkannte sie bei ihren Hausbesuchen sehr schnell, wo Mangel herrschte. Sie lebte zu einer Zeit, als es den modernen Sozialstaat mit seinen Sozialgesetzen noch nicht gab und die Not der unter Arbeitslosigkeit, Wohnungsnot, Krankheit und Armut leidenden Menschen nicht durch Wohlfahrtsausgaben der öffentlichen Hand behoben werden konnte. Sie verstand es auf Grund ihrer eigenen Lebenserfahrungen, sich auch in die zerrüttetsten Familienverhältnisse hineinzuversetzen und mit Rat und Tat zu helfen.

Unermüdlich und unerschrocken trat sie deshalb bei den Wohlhabenden für ihre darbenden Mitmenschen ein, denen sie sich als Christin geschwisterlich verbunden fühlte. Sie verstand es, den Reichen eindrucksvoll die unerträglichen Lebensverhältnisse der ihr bekannten Arbeiterfamilien zu schildern und dabei noch höchste Diskretion zu wahren. So waren es nur wenige Bürgerhäuser, die sie ohne Geld- oder Sachspenden verließ. Besonders freute sie sich über jeden Modewechsel, der ihr alle paar Monate bei ihren reichen Kunden eine willkommene »Ernte« gut erhaltener, aber aus der Mode gekommener Kleider bescherte.

Alles, was sie bekam, wurde zunächst in ihrem Hause in der Riemenstraße deponiert. Die drei kleinen Dachkammern dienten ihr als Magazin für die getragenen Kleider, Mäntel, Hemden, Blusen und Schuhe. An jedem Samstagabend glich eine der Stuben ihres Hauses einem großen Lebensmittellager, aus dem ihre »Kunden« ohne Entgelt nach Bedarf Fleisch, Brot, Kartoffeln, Gemüse und vieles andere mehr erhalten konnten. Vor allem kurz vor Weihnachten wurde ihr Haus zu einem imposanten Warenlager, das nicht lange auf eine zahlungsunfähige Kundschaft zu warten brauchte. Es war dann so, als ob sie, wie es der Prophet Jesaja zu Beginn des 55. Kapitels tut, den Leuten zugerufen hätte: »Wohlan, alle, die ihr durstig seid, kommt her zum Wasser! Und die ihr kein Geld habt, kommt her, kauft und eßt. Kommt her und kauft ohne Geld und umsonst Wein und Milch!« Und diejenigen, die zu ihr kamen, nahmen nicht nur das mit, was sie zur Stillung ihres täglichen Hungers brauchten, sondern sie bekamen auch das Brot des Lebens gratis und franco mit auf den Heimweg, das sie ihnen in ihrer Elberfelder Mundart darbot.

Es war sehr viel Arbeit mit dem Einsammeln, Ausbessern und Ordnen der Gaben verbunden, bevor sie an die Hilfesuchenden abgegeben oder in die Häuser der Kranken und Armen, je nach Bedürftigkeit, gebracht werden konnten. Bei den vielfältigen Reinigungs-, Flick- und Näharbeiten waren ihr die Mädchen aus dem Jungfrauen-Verein behilflich.

Diese von Tante Hanne geübte Form der Sammeltätigkeit wurde später unter der Bezeichnung »Brockensammlung« weitergeführt und ist noch heute üblich als Altkleidersammlung, die von verschiedenen Wohlfahrtsverbänden und gewerblichen Unternehmungen durchgeführt wird. Allerdings fehlt heute diesen von gut bezahlten Mitarbeitern professionell geführten Organisationen, die längst keine unmittelbare Verbindung mehr zwischen Geber und Empfänger herzustellen vermögen, das Fluidum der aus christlicher Nächstenliebe entspringenden Herzlichkeit und menschlichen Wärme. Nach einem ähnlichen Prinzip wie Johanna Faust damals verfährt heute noch in manchen Städten die Heilsarmee.

Tante Hanna wußte, daß »man einem leeren Bauch nicht predigen kann« und daß der bloße Hinweis auf das Wort Gottes als alleiniger Quelle des Glaubens und des Friedens erfolglos bleiben muß, wenn dem Hilfesuchenden nicht auch in seiner äußeren, materiellen Not geholfen wird.

Aber sie geriet nie in die Gefahr, sich auf materielle Hilfe zu beschränken, sondern hatte immer auch für jeden ein offenes Ohr und ein tröstendes, aufmunterndes oder ermahnendes Wort der Bibel bereit.

Charakteristisch für ihre Art der sozialen Hilfe war, daß sie nicht lange fragte, warum jemand in Not geraten war. Sie ersparte dem Bittsteller jede demütigende, peinliche Befragung; sie schenkte ihm stets volles Vertrauen und wahrte Verschwiegenheit. Niemals nutzte sie die Notlage der Armen zu religiösen Zwecken aus, nie wurden sie zu Objekten einer Hilfe herabgewürdigt, die sie über sich ergehen lassen mußten. Keiner von ihnen mußte voller Bitterkeit ausrufen: »Hilfe, mir wird geholfen!« Im hungernden, kranken, verlassenen, geschundenen und gefangenen Menschen, dem sie irgendwo unterwegs begegnete, erkannte sie das Bild des leidenden Christus in der Gerichtsrede Jesu nach Matthäus 25: »Ich bin nackt gewesen, und ihr habt mich gekleidet. Ich bin krank gewesen, und ihr habt mich besucht. Ich bin im Gefängnis gewesen, und ihr seid zu mir gekommen.«

Johanna Faust stand die christliche Barmherzigkeit, wie sie der Samariter im Gleichnis Jesu übte, als Leitbild ihres eigenen Handelns vor Augen. Sie hat nie Buch geführt über Einnahmen und Ausgaben für die Armen, was ihr oft zum verdächtigenden Vorwurf gemacht wurde. In ihrer Selbstlosigkeit wurde sie vor berechnendem und abwägendem Horten der Gaben bewahrt. Was ihr an großen und kleinen Gaben anvertraut worden war, gab sie schnell und mit vollen Händen weiter, eingedenk des Sprichworts, daß der doppelt gibt, der schnell gibt. Ihre Hilfe erstarrte nicht in umtriebiger Geschäftigkeit, sondern durch sie leuchtete stets der Widerschein der Liebe Gottes hindurch.

So hat sie ihren diakonischen Dienst im urchristlichen Sinne geleistet und durch ihr Tun gezeigt, was christliche Liebe und schöpferische Phantasie zu leisten vermögen. Ihre Art zu helfen empfiehlt sich allerdings nicht zur behördlichen Nachahmung in einem modernen, gesetzlich geregelten System sozialer Hilfe, denn der soziale Wohlfahrtsstaat kann keine Rücksicht auf die Probleme des einzelnen nehmen. Er muß sein Augenmerk mehr auf das reibungslose Funktionieren der Sozialbürokratie lenken, die jedem Anspruchsberechtigten das zuteilt, was ihm von Gesetzes wegen zusteht. Um der Gedankenlosigkeit, Hartherzigkeit und Selbstsucht der Menschen willen ist staatliches Eingreifen zur Verhinderung von Not und zur gesetzlichen Erzwingung von »Solidarität«, die eigentlich nur freiwillig geleistet werden kann, wohl unvermeidlich.

Tante Hanna ging es im Gegensatz dazu stets um »Einzelfallgerechtigkeit«. Sie hat die von ihr geleistete soziale Hilfe nicht als Hebel zur Veränderung der gesellschaftlichen Verhältnisse ihrer Zeit verstanden, sondern als dankbare Antwort auf Gottes Durchhilfe, die sie selbst so oft erfahren durfte. Sie hat dem vertraut, der gesagt hat: »Sorgt nicht um euer Leben, was ihr essen und trinken werdet; auch nicht um euren Leib, was ihr anziehen werdet. Ist nicht das Leben mehr als die Nahrung und der Leib mehr als die Kleidung?« Sie hat sich an das Wort des Apostels Petrus gehalten: »Alle eure Sorgen werfet auf ihn; denn er sorgt für euch.« In diesem Sinne hat sie einmal jemandem, der sich nach ihrem Befinden erkundigte, geantwortet: »Ek hol mek am smiten.«

Mit ihr war zweifellos keine Sozialpolitik im heutigen Verständnis zu machen. Das soziale System der Tante Hanna war die Tante Hanna selbst – unnachahmlich, aber wirkungsvoll, wie es kein noch so ausgeklügeltes Sozialhilfesystem mit ausgebildeten Fachkräften sein kann, wenn hinter ihm nicht die bedingungslose Hingabebereitschaft eines Menschen im Namen Jesu Christi steht.

Tante Hanna und die Kinder

Ihre erste selbständige Initiative entfaltete Johanna Faust auf dem Gebiet der Kinderarbeit. Im Alter von 19 Jahren gründete sie 1844 am Arrenberg ihre erste *Sonntagsschule.* Sie unterrichtete Kinder aus der näheren Umgebung, die freiwillig zu ihr kamen, im Lesen, indem sie mit ihnen einzelne Kapitel der Bibel las und ihnen biblische Geschichten erzählte. Kurze Zeit später, ebenfalls 1844, gründete sie eine zweite Sonntagsschule auf einem Gehöft bei Cronenberg, das »Am Greuel« gelegen war.

Sonntagsschulen waren zu jener Zeit noch ungewöhnlich. Aus England und Nordamerika stammend, hatten sie zunächst in Norddeutschland Fuß gefaßt. Weil Johanna aber über ihren väterlichen Freund, Pastor Sander, Kontakt nach Kaiserswerth zu Theodor Fliedner hatte, wird sie vermutlich von dort her die Anregungen für die Sonntagsschularbeit erhalten haben. Johann Hinrich Wichern hatte 1849 in seiner Denkschrift *Die Innere Mission der Deutschen Evangelischen Kirche* auf die besondere volksmissionarische Aufgabe der Sonntagsschulen hingewiesen:

»Diese wichtigen Anstalten werden aber wahrscheinlich auch bei uns mehr einkehren, je mehr die Abtrennung der Schule von der Kirche vollzogen sein wird. Ihre Wichtigkeit für die Erweckung des christlichen und kirchlichen Sinnes sowohl für die Kinder als deren Eltern ist nicht stark genug zu betonen. Möchte sich die Innere Mission ihrer in aller Kraft annehmen! Der wichtigste und fruchtbarste Gesichtspunkt für sie ist der, wenn sie als *Kinderkirchen* aufgefaßt und behandelt und dabei von freiwilligen Arbeitern besorgt werden.«

Im Laufe der Jahre gründete Johanna Faust noch zwei weitere Sonntagsschulen in ausgesprochenen Arbeitervierteln, die eine 1868 im Elendstal, die andere später, um 1881, in der Anilinstraße in Elberfeld.

Die ersten evangelischen *Kleinkinderschulen,* die mit den wenige Jahre später errichteten Sonntagsschulen nicht verwechselt werden dürfen, waren Vorformen des heutigen Kindergartens. Sie wurden 1836 »Am Ostersbaum« und 1837 »Im Island« auf Anregung Fliedners gegründet, der auch in Kaiserswerth für eine elementare Ausbildung der Kleinkinderlehrerinnen sorgte. So hielt sich unter anderem auch Wilhelmine von der Heydt, die Witwe des Bankiers Daniel Heinrich von der Heydt und Mutter der später in Kirche, Staat und Stadt so einflußreichen Söhne August, Carl und Daniel von der Heydt, im Dezember 1836 zu Instruktionen in Kaiserswerth auf. Wilhelm Busch berichtet, daß sich auch Johanna Kesseler in Kaiserswerth informierte, bevor sie die Sonntagsschule am Arrenberg eröffnete.

Der Name der Johanna Faust ist mit der Geschichte der ersten Sonntagsschulen in Elberfeld aufs engste verknüpft. 1869 gab es bereits zwanzig mit ca. vierzig freiwilligen Helfern, und im Jahre 1887 versammelten sich in Elberfeld an 45 verschiedenen Orten an jedem Sonntagnachmittag etwa 3.000 Kinder, mit denen Bibelabschnitte besprochen wurden. Die Zahl der freiwilligen Helfer stieg zu dieser Zeit auf rund 100 an.

Die Kinder der Sonntagsschulen waren es hauptsächlich, die Johanna »Tante Hanna« nannten. Diese liebevolle, zutrauliche Bezeichnung läßt erahnen, in welch einer Art von Verwandtschaftsverhältnis sie und die Kinder zueinander standen. Zwischen den Eltern der Kinder und Tante Hanna bestand so etwas wie geistliche Geschwisterschaft, die auf dem Wort Jesu beruhte: »Wer den Willen tut meines Vaters im Himmel, der ist mein Bruder und meine Schwester« (Mark. 3,31ff). Folgerichtig nannten sich die Jünger Jesu »Bruder« und »Schwester«, und deshalb blickten auch die Kinder zu Johanna Faust auf als zu ihrer geistlichen »Tante«. Auch als sie später erwachsen waren, blieb Johanna Faust für sie die vertraute und geachtete »Tante Hanna«, die ihnen einst behilflich gewesen war, den Weg zu Jesus Christus zu finden.

Wie einfühlsam sie mit Kindern umzugehen wußte, zeigt schlaglichtartig eine kleine Episode, die Wilhelm Busch in seinem Buch erwähnt:

»Namentlich Kindern gegenüber hatte sie eine besondere Gabe, das Richtige zu treffen. Als im Jahre 1872 die Kapelle erbaut war und die Sonntagsschule in die Kapelle hineinverlegt war, hörte Tante Hanna, daß eine ganze Reihe von Kindern nicht mehr kommen wollten, weil sie sich genierten, sich ohne Schuhe oder in »Blotschen« (Holzschuhen) zu zeigen. Eines Sonntags nimmt sie vor Beginn der Sonntagsschule den Leiter derselben auf die Seite und sagt: ›Hören Sie mal; die Kinder wollen mir nun stolz werden; sie wollen nicht mehr in die Sonntagsschule kommen, weil sie nur Blotschen haben. Nun müssen Sie gleich nicht lachen, ich komm herunter in Blotschen, und dann will ich den Kindern einmal die Leviten lesen.‹ Die Sonntagsschule hat eben begonnen, als in der Holztreppe, die vom Rednerstübchen herunterführt, ein gewaltiges Poltern entsteht. Klapp, klapp, klapp! kommts da herunter, und gleich darauf steht die ›Frau Fausten‹ in Blotschen vor den erstaunten Kindern, die laut anfangen zu lachen. ›Was ist das?‹ ruft Tante Hanna mit ganzem Ernste, ›da ist nichts zu lachen. Meint Ihr, ich schämte mich, Blotschen anzuziehen. Nein, das tu ich nicht; ich habe aber gehört, daß von Euch Kindern ein paar nicht mehr in die Sonntagsschule kommen wollen, weil sie nichts oder nur Blotschen anzuziehen haben? Schämt Ihr Euch denn nicht? Meint Ihr, der Herr Jesus würde Euch angucken, ob Ihr was an den Füßen habt oder ob Ihr Blotschen angezogen habt? Nein, das tut er nicht; der guckt nur bloß auf das Herz und fragt: Hast Du mich lieb und kommst Du in die Sonntagsschule, weil Du in den Himmel willst?‹ Nach dieser eindrucksvollen Rede mit plattdeutschem Anfang und hochdeutschem Schluß entstand eine ernste Stille. Als Tante Hanna auf ihren Blotschen hinausspazierte, war kein Lachen mehr zu sehen, und der Erfolg der Rede war der, daß sich alle Kinder wieder einstellten, auch wenn sie barfuß oder auf Holzschuhen laufen mußten.«

Die Entwicklung der Sonntagsschulen steht in engem Zusammenhang mit der Gründung des *Elberfelder Erziehungsvereins* im Jahre 1849. Er war ein Zweig des bereits 1845 gegründeten Neukirchener Erziehungsvereins, dessen Leiter Andreas Bräm in Deutschland für die Erziehungsvereinssache geworben hatte. Unter den Gründern des Elberfelder Erziehungsvereins befanden sich überwiegend Elberfelder Kaufleute, so zum Beispiel Wilhelm Müller, Karl Pickhardt, Wilhelm Dörr, Robert Wülfing und der Lehrer Carl Brockhaus. Auch in der Folgezeit blieb der Verein eine Bewegung von Laien.

Initiator und Gestalter der Arbeit des Elberfelder Vereins war der Rektor Robert Oberhoff. Auf Grund seines Vorschlags begann der

Verein, »verwahrloste Kinder der Armenviertel in einer Sonntagsschule zu sammeln ..., um in den Kreisen des untersten Volkes festen Fuß zu fassen und Vertrauen zu finden«. Erst im Laufe der Zeit
vermehrten sich die Aufgaben des Vereins, die nach dem Statut von
1874 auch die Aufnahme armer, verlassener und verwahrloster Jugendlicher einschlossen. Die Aufgenommenen wurden in christlichen Familien außerhalb Elberfelds untergebracht. Im Anstaltsge-
bäude, der sogenannten Kinderherberge, blieben sie solange, bis für
sie eine geeignete Familie gefunden worden war. Außerdem hatte
sich der Verein die Aufgabe gestellt, Kleinkinderschulen einzurichten, Sonntagsschulen zu gründen und Jugend- und Volksschriften
herauszugeben.

Der Erziehungsverein gab das Sonntagsschulblatt »Kinderbote«
heraus, das im Jahre 1902 eine Auflage von 14.000 Exemplaren er-
reichte.

Für die Sonntagsschulen des Elberfelder Erziehungsvereins war
in den Jahren zwischen 1869 und 1887 ihr Präses Daniel Hermann,
ein Glied der reformierten Gemeinde Elberfeld, verantwortlich. Er
gehörte 1873 zu den tatkräftigsten Mitbegründern des *Rheinisch-
Westfälischen Sonntagsschulverbandes* und war mehrfach Referent
auf dessen Konferenzen und Jahresfesten, größeren und kleineren
Missionsfesten in Elberfeld. Er war ein fleißiger Bibelleser, ein her-
vorragender Kenner der Heiligen Schrift und ein außergewöhnlich
begabter Redner.

Daniel Hermann war kein Theologe und hatte keinen höheren
Schulabschluß erreicht, sondern den Beruf eines Kaufmanns erlernt.
Oft sprach er auf Einladung von Johanna Faust auch im Elendstal,
die ihrerseits für den Elberfelder Erziehungsverein treu und zuver-
lässig den »Kinderboten« unter den Arbeiterfamilien Elberfelds verbreitete.

Nicht jedem Kind war schon mit dem Besuch einer Sonntagsschule geholfen. Vor allem in den Jahren nach der Revolution von
1848/49 und nach den Choleraepidemien 1859 bis 1867 gab es in Elberfeld viele verwaiste und verwahrloste Kinder. Diese brachte Johanna Faust, wenn ihnen nicht in Elberfeld geholfen werden konnte,
zum Neukirchener Erziehungsverein, der Kinder nicht nur in Pfle-
gefamilien vermittelte, sondern sie auch in seine eigenen Häuser auf-

nahm. Er verfügte seit 1855 über ein Mädchenhaus und seit 1865 über ein Knabenhaus. Dort lebten unter der Leitung eines Hauselternpaares Kinder in familienähnlicher Weise zusammen. Solche Wohn- und Lebensgemeinschaften, wie sie schon Christian Heinrich Zeller in Beuggen (1820) pflegte, werden heute wieder in den Kinderdörfern und in der Heimerziehung erprobt.

Seelsorgerin der Jugend

Die heute geläufige Einteilung der Lebensphasen des Menschen in Kindheit, Jugend, Erwachsenenalter und Alter hat sich erst allmählich im Verlaufe des 19. Jahrhunderts herausgebildet. Bereits in der zweiten Hälfte des 18. Jahrhunderts hat der aufgeklärte Philosoph und pädagogische Schriftsteller Jean-Jacques Rousseau in seinem Erziehungsroman »Emile« (1762) den Versuch einer entwicklungspsychologischen Phaseneinteilung von Kindheit und Jugend unternommen. Er war der Ansicht, daß das Kind während seiner Reifung zum Erwachsenen überhaupt nicht mit religiösen Belehrungen »belästigt« werden sollte. Er behauptete, daß man mit der religiösen Unterrichtung der Kinder nichts anderes erreiche, als diese frühzeitig zu Lügnern zu erziehen. Der »Pedant«, der die Kinder im Katechismus unterrichtet, war für ihn geradezu der Inbegriff widerlichster Dummheit. J.-J. Rousseau war davon überzeugt, daß seine Methode der Erziehung dagegen den Zögling in den Stand setzen werde, eines Tages die seiner Vernunft angemessene Religion selbst zu wählen.

Es dauerte allerdings noch mehr als 150 Jahre, bis aus den pädagogisch-psychologischen Einsichten Rousseaus die rechtlichen, sozialen und pädagogisch-methodischen Schlußfolgerungen in Staat und Gesellschaft gezogen wurden, denen wir das heutige Schul- und Ausbildungswesen sowie die kirchliche Kinder- und Jugendarbeit »verdanken«.

Die Anfänge einer eigenständigen kirchlichen Kinder- und Jugendarbeit im Wuppertal reichen schon früh ins 19. Jahrhundert zurück. 1816 kam es im Wuppertal unter dem Einfluß von Pastor Karl August Döring und Johann Peter Diederichs zu einer Kindererweckung, die allen religionspädagogischen Vorstellungen Rousseaus Hohn sprach. Es bildeten sich in Kirche und Schule kleine Kindergruppen, die anfänglich unabhängig von den Zusammenkünften der erweckten Erwachsenen blieben. Während der Treffen der Kinder, an denen die Erwachsenen nicht teilnahmen, sprachen eines oder mehrere ein kurzes Gebet, darauf wurden ein Abschnitt aus der Bibel und ein kleiner Traktat vorgelesen; mit Gebet und Lied wurde die Zusammenkunft geschlossen.

Ebenso wie bei den Erwachsenen stand auch bei den von der Erweckungsbewegung erfaßten Kindern die Ausbreitung des Reiches Gottes durch die Mission im Mittelpunkt ihres Interesses. So kam beispielsweise Carl Wilhelm Isenberg durch Pastor Döring im Alter von 10(!) Jahren mit der Erweckungsbewegung in Verbindung und faßte den Entschluß, Missionar zu werden. Als Sechzehnjähriger gründete er am 1. Januar 1823 den ersten *Missions-Jünglingsverein* in Barmen. Ebenfalls auf Anregung Dörings gründete ein Jahr später der Rietmacher und Kaufmann Anton Haasen im Alter von 22 Jahren den *Elberfelder Missions-Jünglingsverein*. Haasen wurde nach dem Weggang von Isenberg, der sich in Sankt Chrischona bei Basel zum Missionar ausbilden ließ, zum eigentlichen »Jünglingsvater« im Wuppertal. Etwa zur gleichen Zeit entstanden in Barmen und in Elberfeld *Missions-Jungfrauenvereine*. Es war das Ziel dieser Vereinsgründungen, dem Missionsbefehl Jesu durch persönlichen Einsatz der Mitglieder entweder in der Heidenmission oder durch geistliche und materielle Unterstützung in der Heimat nachzukommen. Die Kinder und Jugendlichen fühlten sich unmittelbar betroffen und durch Jesu Abschiedsworte an seine Jünger in die Pflicht genommen: »Mir ist gegeben alle Gewalt im Himmel und auf Erden. Darum gehet hin und machet zu Jüngern alle Völker: Taufet sie auf den Namen des Vaters und des Sohnes und des Heiligen Geistes und lehret sie halten alles, was ich euch befohlen habe. Und siehe, ich bin bei euch alle Tage bis an der Welt Ende.« (Matth. 28,18-20)

Im Jahre 1833 kam es in Barmen unter Leitung des Oberlehrers am Barmer Missionsseminar, Johann Heinrich Richter, zur Gründung eines *Christlichen Jünglings-Krankenvereins*, der sich entsprechend seiner Satzung der leiblichen und seelischen Bewahrung vor »äußerer und innerer Entartung und Verwilderung« widmete.

Die Aufnahme eines jungen Mannes war an Voraussetzungen gebunden: Er mußte »den gewöhnlichen weltlichen Belustigungen von ganzem Herzen entsagen«, »nach dem Heil seiner Seele ein sehnliches Verlangen« tragen und einen tadelsfreien Lebenswandel führen.

Knapp vier Jahre später, am 9. Dezember 1836, beantragte der Unterbarmer Pfarrer Wilhelm Leipoldt bei der Provinzregierung Düsseldorf die Genehmigung der Satzung eines *Sonntags-Vereins für Handwerker und Fabrikarbeiter*, der jungen Handwerksgesellen und Fabrikarbeitern nach dem Besuch des Sonntagsgottesdienstes eine Bleibe anbot. 1838 gründete dann Anton Haasen in Elberfeld einen *Christlichen Verein für junge Handwerker und Fabrikarbeiter.* Außer der Weckung der Liebe zur Mission stand vor allem die geistliche Pflege christlichen Gemeinschaftslebens im Mittelpunkt der Vereinsarbeit, wodurch junge Menschen, die keine Bindungen mehr an das Haus ihrer Eltern oder ihrer Meister hatten, von den Versuchungen der Wirtshäuser ferngehalten werden sollten. Am 8. Oktober 1848 vereinigten sich die inzwischen an vielen Orten des Rheinlandes und Westfalens gegründeten Jünglingsvereine in Elberfeld zum *Rheinisch-Westphälischen Jünglingsbund.* Aus ihm entwickelte sich im Verlaufe von 140 Jahren der *CVJM-Westbund* in seiner heutigen Gestalt.

In dieser Tradition der Elberfelder und Barmer Jünglingsvereine stand auch die Jugendarbeit der Tante Hanna, als sie von 1855 an in ihrem Haus in der Riemenstraße junge Kaufleute um sich sammelte, die ihr bei der Sonntagsschul- und Bibelarbeit halfen. Dieser Zusammenschluß nannte sich *Kompanei.* Unter der Obhut von Johanna Faust entstanden weiterhin 1875 der *Elendstaler Jünglingsverein* und 1877 der *Arrenberger Jünglingsverein,* die beide Anfang der achtziger Jahre im *Arrenberger Männer- und Jünglingsverein* aufgingen. Diesem Verein stellte sie gleichfalls ihr Haus als Vereinslokal zur Verfügung.

Neben Bibel- und Singstunden wurden auch Schreib- und Rechenübungsstunden abgehalten. Anfangs wurde der Verein von Laien geleitet: ab 1877 vom Fabrikarbeiter Abraham Mork, ab 1882 vom Kurzwarenhändler Karl Thyssen und ab 1889 von Lehrer Rudolf Leite. Leite berichtete selbst über seine Begegnung mit Johanna Faust:

»Es sind mehr als zwanzig Jahre her, als ich zum ersten Mal über die Schwelle des Häuschens trat. Ich war auf der Wohnungssuche. Gute Freunde hatten mich an Frau Faust gewiesen. ›Die weiß in allen Sachen Rat.‹ Und so war's. Natürlich legte man mir bei meiner Übersiedelung an den Arrenberg sofort liebevolle Angeln. Tante Hanna meinte treuherzig: ›Das ist aber nett, unser Jünglingsverein braucht gerade einen Dirigenten.‹ So wurde ich Leiter des Gesangchors dieses Jünglings- und Männervereins. In Bälde fand sich noch manches dazu: Schriftführeramt, Jahresberichterstattung, Rechen- und Schreibübungsstunde. Sieben Jahre lang bin ich so in dem bescheidenen Häuslein der Tante Hanna wöchentlich wenigstens einmal regelmäßig ein- und ausgegangen. Frau Faust erfreute sich in den achtziger Jahren noch großer Rüstigkeit. Ihre Schultern trugen manche Last – vor allem ein schweres Hauskreuz. Aber wer's nicht wußte, merkte nichts davon. Sie selbst war stets guten Muts und heiteren Sinnes. So einerlei wie ihr Kleid, so einerlei war auch ihre Gesinnung. Nie lagen Verdruß, üble Laune, finsterer Blick, mürrisches Aussehen auf ihrem treuen Gesicht. Stiller Seelenfriede leuchtete aus ihren Augen. Wurde die Last gar zu drückend, so tröstete sie sich selbst und beschwichtigte die, die ihr Mut zusprechen wollten, mit dem einfachen Wort: ›Der Herr weiß warum!‹«

Später übernahmen die Pastoren der lutherischen Gemeinde Elberfeld im Bezirk der Trinitatiskirche die Leitung: von 1892-1899 Karl Ohly und von 1900-1920 Heinrich Niemöller. Über die Bedeutung der Jünglingsvereine schrieb 1910 der damals amtierende Kreispräses der Jünglingsvereine, Heinrich Niemöller:

»Ein Blick in die Arbeit der Vereine zeigt klar und offenbar, daß sie einen wichtigen Faktor für die Bestrebungen zur Pflege der Elberfelder Jugend bilden. Sie haben durch Gründung von Bibliotheken, durch Darbietung zahlloser Vorträge, durch Fortbildung ihrer Mitglieder in den Sprachen, durch soziale Wohlfahrtseinrichtungen, durch Pflege der Musik und des Gesanges, durch turnerische Übungen, durch edle Geselligkeit, durch Beteiligung an den Arbeiten der Inneren Mission, durch Fürsorge für die Soldatenheime und besonders durch ihre religiöse und sittliche Beeinflussung so viel geleistet, daß sie wert sind, von der evangelischen Bevölkerung mit tatkräftiger, opferwilliger Liebe getragen zu werden.«

Letzteres tat Johanna Faust in überreichem Maße, so daß Heinrich Niemöller anläßlich der fünfundzwanzigjährigen Jubiläumsfeier des Arrenberger Männer- und Jünglingsvereins im Jahre 1902 sagen konnte, daß, wenn er Menschen rühmen wolle, er von einer Person reden müsse, die dem Verein allezeit eine treue Pflegerin gewesen sei, nämlich von der »lieben Hausmutter, die in ihr 77. Lebensjahr eingetreten ist«. Es sei stets ihr Anliegen gewesen, den jungen Männern in ihrem Hause ein gemütliches Heim zu bereiten. War sie

Pfarrer Heinrich Niemöller

den Kindern eine liebevolle Tante, so war sie den jungen Männern eine treusorgende Mutter.

Die allgemeine Sorge um die jungen Leute war nicht unbegründet. Das zeigt vor allem das ungewöhnlich starke Ansteigen der Jugendkriminalität in jenen Jahren. So befanden sich beispielsweise 1887 im Elberfelder Gefängnis 323 Personen im Alter von 12-29 Jahren, mehr als die Hälfte davon war wegen Körperverletzung, Mordes, Totschlags oder Widerstandsleistung gegen die Staatsgewalt verurteilt worden. Ein Drittel saß wegen Diebstahls, Betrugs, Sachbeschädigung oder Hausfriedensbruchs ein und jeder zehnte wegen Sittlichkeitsverbrechen, Meineids oder Brandstiftung. Eine selbst für unsere Zeit unbeschreibliche Verrohung beherrschte damals die Jugend: an wüsten Trinkgelagen, blutigen Messerstechereien und

Überfällen auf Straßenpassanten beteiligten sich bereits Zwölf- bis Dreizehnjährige. Weiterhin wird aus jener Zeit berichtet, daß eine Zeitlang täglich gröhlende und betrunkene Horden Jugendlicher vor den Gefängnistoren am »Bendahl« lagerten, die entweder einen Kameraden zur Strafverbüßung begleiteten oder einen Entlassenen erwarteten, um ihn dann im Triumphzug in die nächste Kneipe zu führen.

Zur selben Zeit boten im Wuppertal zwölf evangelische Jünglingsvereine 1.100 jungen Männern die Gelegenheit zu anregendem geselligem Verkehr während ihrer freien Zeit am Sonntag. Sie boten ihnen eine geistige und geistliche Heimat, fröhlichen Umgang mit Gleichgesinnten sowie manchen guten Rat in Ehe-, Familien- und Berufsfragen. Die Vereine waren, ohne daß man es beabsichtigt hatte, wirksame Orte der Vorbeugung vor Verwahrlosung und Delinquenz; Hilfen zur gesellschaftlichen Integration, die uns heute allerorten so sehr fehlen.

Ebenso wie die Knaben und jungen Männer wurden auch die Mädchen und die jungen Frauen in das kirchliche Vereinsleben einbezogen. Der älteste Missions-Jungfrauenverein in Elberfeld wurde 1824 gegründet. Ihm folgten im Laufe der Jahre weitere Vereine, unter anderem auch der *Elendstaler Missions-Jungfrauenverein.* Anfang der sechziger Jahre hatte Heinrich Wilhelm Rinck am Arrenberg eine Versammlung »für Frauen und Jungfrauen« gegründet, wozu ihm Johanna Faust gerne ihr Häuschen zur Verfügung stellte. Dieser Kreis unterstützte vor allem die Elendstaler Arbeit durch eigenen Arbeitseinsatz und finanzielle Opfer. Außerdem versammelte sich in ihrem Hause ein *Missions-Nähverein* unter der Leitung der Tagelöhnerin Maria Emde. Die Frauen- und Mädchenkreise hatten sich das Ziel gesetzt, für die weltweite Missionsarbeit der Rheinischen Missionsgesellschaft Spenden zu sammeln; sie wollten auf diese Weise das Bewußtsein wecken und wachhalten, daß die Gemeinde für die Ausbreitung des Evangeliums in der ganzen Welt mitverantwortlich ist. Die Gabenverzeichnisse in den Berichten der Rheinischen Missionsgesellschaft geben davon ein eindrucksvolles Zeugnis. So sammelte der *Elendstaler Missions-Jungfrauenverein* bei den verschiedensten Anlässen, zum Beispiel bei Festen, Ausflügen und in Bibelstunden, für die Mission. Zur Rheinischen Missionsgesellschaft hielt

Johanna Faust, angeregt durch ihren Konfirmator Pastor Sander, von früher Jugend an eine enge Verbindung. Regelmäßig arbeitete ein Seminarist des Barmer Missionshauses im Elendstal mit und half Johanna Faust bei ihrer Arbeit. Zu dessen Dienst gehörte regelmäßig die Leitung des Elendstaler Missions-Jungfrauenvereins. Einige der Seminaristen haben später als Missionare in Sumatra (Steinsiek) und in Südwestafrika (Wulfhorst) gewirkt.

Außer den Missions-Jungfrauenvereinen gab es berufsbezogene Jungfrauenvereine, die sich die christliche Erziehung und Bildung der weiblichen Jugend zum Vereinszweck gesetzt hatten. Darüber hinaus gab es in Elberfeld *Fabrikmädchen-Schulen*, die mit *Sonntagsasylen* verbunden waren, in denen Mädchen und junge Frauen ohne Familienanschluß ein Zuhause finden konnten.

Johann Hinrich Wichern, der Begründer des Rauhen Hauses und der *Inneren Mission*, hatte auf dem Barmer Kirchentag im Jahre 1860 in einem Referat nicht ohne Grund die Erziehung und Bewahrung der weiblichen Jugend in der arbeitenden Bevölkerung und die Errichtung von Dienst- und Nähschulen sowie Mägdeherbergen gefordert. Allerdings blieb die weibliche Jugendarbeit in ihrem Umfang hinter der männlichen weit zurück.

Im Kampf gegen die Prostitution

In Elberfeld gab es im Jahre 1877 vierundzwanzig Bordelle, von denen allein acht in der berüchtigten »Alten Fuhr« standen. Die »Alte Fuhr« war eine enge Gasse in der näheren Umgebung des Elberfelder Bahnhofs. In dieser Gasse wohnten hauptsächlich Handwerker, Fabrikarbeiter und Tagelöhner. Damals kamen viele Mädchen aus ländlichen Gegenden, die in der Stadt bei »Herrschaften« als Dienstmädchen Stellung suchten. Viele hatten in der für sie fremden Stadt keine Angehörigen oder zuverlässigen Freunde. Unerfahren und für den hauswirtschaftlichen Beruf in einem städtischen Haushalt nicht ausgebildet, fielen sie gewissenlosen Betrügern und Zuhältern, die sich in großer Zahl am Bahnhof herumtrieben und nach solchen Mädchen Ausschau hielten, als leichte Beute zum Opfer.

Johanna Faust hatte sich bereits in den fünfziger Jahren einem *Damenverein* angeschlossen, der regelmäßig jeden Sonntagnachmittag die weiblichen Strafgefangenen in der ehemaligen Elberfelder »Stadtwaage«, ein damaliges Frauengefängnis, besuchte. Aus diesem Arbeitszweig der Tante Hanna stammt der folgende kurze Bericht Wilhelm Buschs:

»Da war ein anderes Mädchen, das in Unterbarmen geboren war, und von Jugend auf unter schlechten Einflüssen der Eltern war. Tante Hanne lernte es in dem Gefängnis kennen und ließ es von da an nicht mehr aus den Augen; nahm es bei sich auf, sorgte ihm für Stellung, holte es einmal persönlich aus einem öffentlichen Haus heraus, nahm es trotz aller Rückfälle immer wieder auf. Das Mädchen wurde später noch eine ordentliche Ehefrau, die ihrem Manne zum Segen wurde, und hat es zuletzt auf ihrem Sterbelager der alten Tante Hanna offen bekannt, daß sie ohne die treue Liebe der mütterlichen Freundin nimmermehr gerettet worden wäre.«

Neben dem *Damenverein* bestand der *Elberfeld-Barmer Asylverein* (gegründet 1848), der einzelne strafentlassene Frauen betreute. Im Verlaufe mehrerer Jahre stellte es sich aber heraus, daß geeignete Wohnungen unbedingt erforderlich waren, um eine schnelle Herauslösung der jungen Frauen aus dem gefährdenden Milieu zu ermöglichen. Doch erst 1853 wurde unter dem Vorsitz von Pastor Ludwig

Feldner in Elberfeld das *Asyl für weibliche Gefangene und gefallene Mädchen* ins Leben gerufen. Der Name des Asyls deutete schon an, daß seine Aufgabe nicht nur in der Betreuung entlassener Strafgefangener, sondern auch in der Fürsorge für »gefallene und gefährdete Frauen« (Prostituierte) bestehen sollte.

Die ersten Zimmer wurden von einer christlichen Familie zur Verfügung gestellt, die Kosten für Unterkunft und Verpflegung übernahm der Asylverein. Die Aufgenommenen wurden nach kurzer Zeit in das Kaiserswerther Asyl oder in eine Dienstbotenstellung vermittelt. Etwas später konnten zwei Zimmer angemietet und als Asyl eingerichtet werden. Es hatte eine eigene Hausordnung, die die Arbeit während des Tages, meist Hand-, Garten- oder Hausarbeit, regelte und von den Frauen vor ihrem Eintritt anerkannt und unterschrieben werden mußte. Auch Johanna Faust nahm – wie berichtet – »gefallene Mädchen« in ihr Haus auf, verschaffte ihnen eine Arbeitsstelle und ließ sich durch Rückfälle nicht entmutigen.

Ab 1856 übernahm der lutherische Pastor Heinrich Wilhelm Rinck die Leitung des Asyls. Unter ihm wurde die Vereinbarung getroffen, daß die betreuten Frauen, sobald sich eine Gelegenheit dazu bot, auf Kosten des Elberfelder Asylvereins an die »Magdalenenhäuser« in Kaiserswerth oder Boppard überwiesen werden sollten. Das von Rinck geschaffene Reglement führte allerdings dazu, daß das Elberfelder Asyl mehr und mehr an Bedeutung verlor und nur noch bis 1888 fortbestehen konnte. Als Rinck 1881 starb, wurde der Elberfelder Gefängnisgeistliche Karl Heinersdorff Vorsitzender des Elberfelder Asylvereins.

Schon während seiner Amtszeit als Gefängnispfarrer in Dortmund und in Schwelm in den Jahren zwischen 1877 und 1879 hatte Heinersdorff den Schwerpunkt seiner seelsorgerlichen Tätigkeit auf die Bekämpfung der Prostitution gelegt. In der sich wie eine Epidemie ausbreitenden Prostitution erkannte Heinersdorff eine der Wurzeln des moralischen Niedergangs der Gesellschaft und des Staates und eine Quelle steigender Kriminalität. 1877/78 schrieb er in seinem Bericht an die Rheinisch-Westfälische Gefängnisgesellschaft:

»Die Prostitution nimmt namentlich in Dortmund beängstigende Dimensionen an. An jedem Dienstagmorgen sieht man die Mädchen in großer Zahl, meistens in Droschken sich zur medizinalpoli-

zeilichen Controlle (›Besichtigung‹) begeben, wobei sie durch groß-
artige Toilette die Blicke der Bewohner auf sich ziehen. In einigen
Stadttheilen sind durch ihr Treiben die nächtlichen Skandäle so unerträglich geworden, daß sich die Bürger dieser Viertel zu einer Petition an den Magistrat um Abhilfe gezwungen gesehen haben.«

Die Wohnung Heinersdorffs lag in unmittelbarer Nähe des von
Kaiserswerther Diakonissen geführten Luisenkrankenhauses, in
dem auf einer geschlossenen Abteilung geschlechtskranke Prostituierte untergebracht waren. Auf Bitten und Drängen der Oberin
betrat er eines Tages diese Station. Im Jahresbericht 1878/79
schreibt er:

»Die Prostituierten in D., welche wegen Zuwiderhandlung gegen
polizeiliche Anordnungen öfters Gefängnisstrafen zu erleiden haben, werden, wenn sie lüderlich krank sind, der syphilitischen Station des Städtischen Krankenhauses zugewiesen. Deshalb hielt ich es
für meine Pflicht, diese Station einmal zu besuchen und betrat diesel-
be zusammen mit der Stations-Schwester. Ein trauriger Anblick bot
sich mir dar! Da saßen oder lagen Mädchen und Frauen vom jugend-
lichsten Alter bis in die vierziger Jahre; einige noch mit fast kindlichen Zügen, andere mit dem Gepräge der zügellosesten Frechheit
und Schamlosigkeit. Ich wurde ihnen von der Schwester vorgestellt
und sollte nun etwas zu ihnen reden, aber das Wort, zu dem ich mich
daheim angeschickt hatte, blieb mir bei dem Jammer, den ich sah, in
der Kehle stecken. Ich bat sie, mit sich selbst und mit ihren Seelen Erbarmen zu haben, erzählte ihnen von dem Heilande, der die Magda-
lena zu seiner Jüngerin gemacht habe und der mich jetzt zu ihnen
sende; sie würden einst von dieser Stunde Rechenschaft geben müssen, wo ich ihnen die Hand zur Rettung geboten habe und usw. Einige kircherten, während ich sprach, andere weinten bitterlich; andere
sahen mich tief erschrocken an; andere waren offenbar sehr ärgerlich
über den unvorbereiteten Zwischenfall. Ich selbst habe die Empfin-
dung, als hätte ich noch nie so armselig und so stammelnd gesprochen und ging dann auch, nachdem ich meine Wohnung genannt hatte, recht gedrückt und kleinmüthig von dannen.«

Als eines der Mädchen sich zwei Monate später hilfesuchend an
ihn wandte, nahmen er und seine Frau es in ihr Haus auf. Später, als
er schon Gefängnispfarrer in Elberfeld war, erkrankte es an Lungen-

tuberkulose. Die Worte, die es ihm sterbend anvertraute, hat er in seiner Autobiographie festgehalten:

»Ich habe noch eine Bitte: ... Hören Sie doch nicht auf mit der Rettungsarbeit an verlorenen Mädchen! Ich weiß ja, wie oft Sie betrogen werden und Undank ernten, aber – so gut wie ich errettet worden bin, so können es andere doch auch. Ich bitte Sie, hören Sie doch mit dieser Arbeit nicht auf!«

Heinersdorff fährt fort: »Ich habe es ihr feierlich vor Gott versprochen, und dieses Versprechen hat allen Plänen für meine Zukunft eine neue Wendung gegeben. Von diesem Augenblick an fühlte ich mich als ein an solche Rettungsarbeit Gebundener und habe es in meinem Herzen Gott gelobt, solange ich Atem und Kraft habe, nicht von dieser Arbeit lassen zu wollen.«

Pfarrer Karl Heinersdorff, Vorsteher 1882–1907

Seit seiner ersten Begegnung mit den Lebensschicksalen der Prostituierten in Dortmund war Heinersdorff bis zu seinem Ausscheiden aus dem Doppelamt des Gefängnispfarrers und Zufluchtshaus-Vorstehers bestrebt, Frauen vor dem Abgleiten in die Prostitution zu bewahren und Abgeglittene aus der Demütigung und sozialen Ächtung zu einem menschenwürdigen Leben herauszuführen. Er hatte sich diese Aufgabe nicht selbst gestellt, sondern wußte sich von Gott in diese Arbeit »hineingetrieben«. Ihm ging es nicht nur um die Bekämpfung der Prostitution als eines gesellschaftlichen, rechtspolitischen, moralischen und volksgesundheitlichen Übels, sondern vor allem um die Rettung und die Wiederherstellung der Menschenwürde der »von der Gesellschaft ausgestoßenen und mit Füßen getretenen Geschöpfe« Gottes. Die gesetzlich angeordneten und polizeilich durchgeführten Kontrollen hielt Heinersdorff nicht nur für unwirksam, sondern vom evangelisch-sozialethischen Standpunkt aus für unverantwortlich. Er zählte deshalb wie viele Frauen der damaligen Frauenbewegung zu den entschiedensten Gegnern einer staatlich-reglementierten Prostitution. Seine Position des »Antireglementarismus« (gegen § 361 Abs. 1 RStGB) vertrat er immer wieder mit Nachdruck, so zuletzt im Oktober 1903 auf der »Deutschen Nationalkonferenz zur Bekämpfung des Mädchenhandels« in Berlin.

Als auf der 56. Generalversammlung der Rheinisch-Westfälischen Gefängnisgesellschaft am 9. Oktober 1884 in Düsseldorf die Prostitutionsfrage im Mittelpunkt der Erörterungen stand, ergriff er in der Diskussion das Wort:

»Alle Rettungsversuche an Prostituierten, an unglücklich gewordenen Mädchen, bleibt solange vergeblich, als der Staat die Kontrolle so durchführt, wie sie gegenwärtig bei uns gehandhabt wird. Durch die Kontrolle erkennt der Staat bei uns die Ausübung der gewerbsmäßigen Unzucht als einen Stand, den zu ergreifen Mädchen und Frauen berechtigt sind. An vielen Orten stehen Frauen unter der Kontrolle; in einer westfälischen Stadt waren alle Inskribierten bis auf zwei verheiratet. In einer Stadt, in der alle Bordelle verboten sein sollten, hat der Polizei-Inspektor erklärt: ›Wir haben in unserer Stadt 18 Bordelle, von denen lasse ich jeden Tag zwei untersuchen.‹ Es ist so arg bei uns – obwohl die Kontrolle energischer durchgeführt wurde –, daß wir vor zwei Jahren an die Regierung schrieben, was zu tun sei, weil alle jungen Gefangenen, die wir bekamen, syphilitisch waren. Die schweren Erkrankungen erfolgten gerade bei kontrollierten Mädchen. Durch die Kontrolle haben die Mädchen vollständige Berechtigung. Nichts wird durch die Kontrolle in Bezug auf die Syphilis erreicht. Die Versammlung sollte nicht auseinandergehen, ohne eine klare Resolution: Der Staat darf keinen Pakt mit der Unsittlichkeit eingehen; was sittlich verdammenswert, nicht für staatlich notwendig erklären. Dann ist die Kontrolle unmöglich, weil der Staat dadurch den Schein gewinnt, die Unsittlichkeit zu legitimieren. Die Kontrolle leistet nichts. Was sie leistet, ist das, daß sie eine falsche Sicherheit schafft. Wir sollten nicht auseinandergehen, ohne uns gegen die Kontrolle zu erklären.«

Acht Jahre später erläuterte er vor der Kreissynode Elberfeld in seiner Eigenschaft als Vorstandsmitglied des Westdeutschen Christlichen Vereins zur Hebung der öffentlichen Sittlichkeit eine Petition dieses Vereins an den Reichstag, die sich mit dem Problem des Pro-

Zimmer in dem »Heim für Trinkerinnen, Morphiumsüchtige und sonstige Gefährdete wohlhabender Stände«

stitutions- und Zuhälterwesens befaßte. In einer im Druck vorlie-
genden Rede wird seine Überzeugung hinsichtlich der »unser Volks-
leben verheerenden Pest der Prostitution und des Zuhälterwesens«
deutlich, die sich bei ihm in jahrzehntelanger Seelsorge in den Gefängnissen herausgebildet hat. Er führte unter anderem aus:

»Man kann die Prostitution nicht ausrotten, solange man die Ehe-
bruchstücke auf der Bühne und die Huren als Kellnerinnen in öffentlichen Lokalen duldet, solange man duldet, daß die schmutzigen
Quellen einer pornographischen Literatur und Kunst ihr Wasser
über das Land ergießen. Man kann die Folgen nicht beseitigen, so-

Das Zufluchtshaus in der Straßburger Straße, Elberfeld

lange die Ursachen einer Volkskrankheit nicht behoben sind.« Er
warnte eindringlich die Synode, der »Kasernierung der Prostitution«
durch Untätigkeit faktisch zuzustimmen, denn:

»Wohin wollte man denn das Laster kasernieren? In die Geheim-
ratsviertel? Gewiß nicht. Dazu würden die Gassen und Gäßchen gewählt werden, wo die armen Leute, auch die armen ordentlichen
Handwerker und Bürgersleute, wohnen, die ihre Kinder ebenso in
Zucht und Ehren erziehen wollen wie die Reichen. Hieße das nicht,
die Armen mit Gewalt in die Arme der Sozialdemokratie treiben,
und würde dadurch der Klassenhaß nicht aufs Gefährlichste ge-

Das 1900 erbaute Alters- und Frauenhaus

schürt werden?« Er faßte seine Ausführungen wie folgt zusammen: »Und wenn es auch noch immer Leute gibt, die da meinen, daß durch staatlich reglementierte Gestattung der Sünde die bösen Folgen vermieden werden können, die Gott gerade auf diese Sünde gelegt hat, so glaube ich, daß diese Leute entweder die einschläglichen Fragen gar nicht, bezüglich sträflich leichtsinnig studiert haben, oder daß sie selbst auf dem sittlich niedrigen Standpunkt stehen, zu glauben, daß Bordelle und Kontrolle der beste Schutz gegen Geschlechtskrankheiten seien; der beste Schutz ist der Gehorsam gegen Gottes Gebot.«

Das Synodalprotokoll vom 18. Oktober 1892 enthält den folgenden Vermerk:

»Die Synode stimmt nicht nur dem Inhalt des Referats und den Anträgen bei, sondern wünscht auch den Abdruck des ersteren. Das Moderamen wird daher die Petition des Christlichen Vereins zur Hebung der öffentlichen Sittlichkeit namens der Synode unterzeichnen.«

Heinersdorff stand mit seiner klaren Konzeption, die der Prostitution und dem Verbrechen den bedingungslosen Kampf ansagte, aber der straffälligen Frau die rettende Hilfe zu einem neuen, ehrbaren Leben anbot, in der Tradition Theodor Fliedners, der am 17. September 1833 im Gartenhaus seines Pfarrgartens in Kaiserswerth erstmals eine Frau, die aus dem Zuchthaus in Werden entlassen worden war, aufgenommen und damit einen Anfang in der Asylarbeit für strafentlassene Frauen im Rheinland und in Westfalen gemacht hatte. In nahezu allen Orten, an denen sich Tochtergesellschaften und Hilfsvereine der Rheinischen- Westfälischen Gefängnisgesellschaft gebildet hatten, entstanden gleichzeitig auch Asylvereine, die die finanziellen Mittel zur Unterbringung von »Magdalenen« in Kaiserswerth und in Boppard aufzubringen versuchten.

So konnte auch Heinersdorff nach seiner Berufung an das Königliche Gefängnis in Elberfeld an die Asylarbeit der Elberfelder und Barmer Vereine anknüpfen. Er fand bei seinem Dienstantritt außer der Elberfeld-Barmer Gefängnisgesellschaft einen aktiven und gut geführten Asylverein vor, dem er und seine Frau sogleich beitraten und dessen Vorsitz er nach dem Tode von Rinck übernahm.

Das Aufnahmebegehren eines aus dem Elberfelder Gefängnis

entlassenen Mädchens im Spätherbst 1881 in seinem Hause gab den
Anstoß, in Elberfeld eine »Zufluchts- und Arbeitsstätte« für haft-
entlassene Frauen einzurichten. Zu diesem Zweck bildete sich am 23.
Januar 1882 in einem Hause ein zunächst aus Elberfelder Damen be-
stehender *Verein zur Erhaltung des Vorasyls,* dem sich im März 1883
eine ungefähr gleichen große Zahl Barmer Damen anschloß. Dieser
Verein erhielt 1883 den Namen *Elberfeld-Barmer Verein zur Hebung
der Sittlichkeit und zur Erhaltung des Zufluchtshauses.* Die ursprüng-
liche Bezeichnung »Vorasyl« wurde später durch »Zufluchtshaus«
ersetzt. Dem Verein gehörten unter anderem Johanna Faust, Maria
Schniewind, Emma Rinck, Lina Siebel und Frau Krafft an. Die Organisation des Zufluchtshauses beruhte auf den Grundsätzen der Freiwilligkeit, des familienähnlichen Zusammenlebens und auf der Idee
einer modernen »Arbeiterinnenkolonie«. Der von Heinersdorff be-
nutzte Begriff »Arbeiterinnenkolonie« bedeutete, daß gegen Ar-
beitsleistung jedem Mädchen und jeder Frau Verpflegung und Unterkunft gewährt wurden.

Im Garten des Zufluchtshauses

Das Zufluchtshaus hatte den Zweck, religiöse Pflege, Erziehung zur Arbeit, Arbeitsverdienst, feste Anstellung und festen Wohnsitz zu vermitteln. Zunächst gab es Schwierigkeiten, die Aufgenommenen mit einträglicher Arbeit zu versorgen. Im Februar 1888 wurde der Elberfeld-Barmer Asylverein aufgelöst. Seine Vorstandsmitglieder, zu denen einflußreiche Elberfelder und Barmer Bürger gehörten, schlossen sich dem Verein zur Erhaltung des Zufluchtshauses an. Im Laufe der Jahre stieg die Zahl der aus Gefängnissen entlassenen Prostituierten, die um Aufnahme baten, immer mehr an, so daß man beschloß, ein großes Haus zu errichten. Am 21. Mai 1891 wurde das neu gebaute »Elberfeld-Barmer Zufluchtshaus«, Straßburger Straße 39, eingeweiht. Dieses Haus ermöglichte die Einrichtung einer Waschanstalt mit modernen Maschinen, die vielen die fehlende Arbeit gab. Für Heinersdorff hatte die Arbeit eine erzieherische und eine therapeutische Funktion. Während des Zeitraums von 1882 bis 1902 nahm das Zufluchtshaus 1.330 Personen auf.

Johanna Faust gehörte nicht nur dem Trägerverein an, sondern hatte über ihren Kaffeehandel regelmäßigen Kontakt zu Heinersdorff und zum Zufluchtshaus, so daß sie immer über das Wohlergehen der Bewohner des Zufluchtshauses informiert war.

Das Elberfeld-Barmer Zufluchtshaus
für gefährdete Frauen und Mädchen

I. Zweck des Zufluchtshauses.

Das Zufluchtshaus will denjenigen gefährdeten oder schon entgleisten weiblichen Personen, welche ohne barmherzige Hülfe zugrunde gehen müßten, **Aufnahme, religiöse Pflege, Erziehung zur Arbeit, Arbeitsverdienst, endlich Stellung und fortdauernde Heimat** darbieten.

IV. Prinzip der Freiwilligkeit.

Dem Charakter des Zufluchtshauses als Arbeiterinnenkolonie entspricht es, daß darin das **Prinzip der Freiwilligkeit** herrscht.

V. Aufnahme.

Jede hülfsbedürftige weibliche Person, die freiwillig kommt, sich durch Arbeit ernähren will und sich der Hausordnung unterwirft, wird ohne weiteres aufgenommen. Wer nicht arbeiten will und sich der Hausordnung nicht fügt, kann ohne Hindernis fortgehen. Hievon muß natürlich von den Zwangs- und Fürsorge-Zöglingen eine Ausnahme gemacht werden.

Die Aufnahme geschieht ohne Ansehen der Konfession; doch wird bei katholischen Pfleglingen, die es wünschen, die Überführung in eine katholische Anstalt vermittelt.

VI. Arbeit.

Jeder Pflegling erhält seinen Kräften angemessene Arbeit. Der Hauptnachdruck liegt auf den Haushaltungsarbeiten (**Waschen, Bügeln Nähen, Stricken, Flicken**), um die Pfleglinge zu brauchbaren Dienstboten zu bilden; die Geschickteren lernen auch das **Fein- und Glanzbügeln;** hierzu kommt Gartenarbeit und daneben leichte Industriearbeiten, damit auch die Schwachen und sogenannten halben Kräfte niemals unbeschäftigt zu sein brauchen.

IX. Dienstvermittlung.

Allen denjenigen Pfleglingen, die sich befriedigend führen und die nötigen Arbeiten gut ausführen können, werden je nach Leistung und Charakter Dienst- und Arbeitsstellen besorgt. **Die Kontrakte mit den Dienstherrschaften werden vom Vorsteher des Zufluchtshauses abgeschlossen,** und die Herrschaften werden dabei verpflichtet, das leibliche und geistliche Wohl der Mädchen liebevoll im Auge zu haben. Die Stellenbesorgung erfordert zwar viel Mühe und Sorgfalt, Schreiberei und Reisen, ist aber bisher in jedem Falle möglich gewesen, so daß kein Pflegling ohne Arbeitsstelle fortzugehen brauchte.

Auszug aus der »Darstellung« des Zufluchtshauses (1902)

Die Evangelische Gesellschaft
für Deutschland

Unter dem Aufruf »Wollen wir nicht Deutschland evangelisieren?« rief
Pastor Ludwig Feldner zur Gründung einer freien volksmissionarischen Vereinigung auf, die sich in enger Anlehnung an die Amtskirche
den Volksmassen zuwenden wollte, die sich der Kirche in der ersten
Hälfte des 19. Jahrhunderts entfremdet hatten. Er nahm damit einen
zentralen Programmpunkt der Inneren Mission vorweg, den Johann
Hinrich Wichern in einer Erklärung vier Wochen später, am 21. September 1848, auf dem Wittenberger Kirchentag den versammelten Teil-
nehmern vorgetragen hatte.

Wichern nahm Bezug auf die im Februar und im März des Jahres
1848 im Ausland und in Deutschland stattgefundenen Revolutionen:
»So tief aber auch das Herz blutete und noch blutet im Schmerz
über die Schmach und das Elend und die Macht der Sünde, die ans
Licht getreten, so lag doch für das Auge des Glaubens hinter all diesem
der Anbruch eines Tages der Verheißung für die Verjüngung des gläubigen, rettenden Wirkens der Kirche verborgen, ein Tag, dessen Nähe
wir nun in lebendiger Hoffnung nur mit Jubel begrüßen konnten. Ein
Tag Gottes als ein Tag des Heils für unsere Kirche in unserem teuren
Vaterlande ist mit jenen Ereignissen über unsern Häuptern aufgegan-
gen. Es muß und wird zum Bewußtsein kommen, daß unsere evangelische Kirche eine ›Volkskirche‹ werden muß und kann, indem sie das
Volk durchs Evangelium in treuer Weise und Kraft zu erneuen und mit
neuem Lebensodem aus Gott zu durchdringen hat. Die tatsächlichen
Anfänge dazu, so unbekannt sie vielen sein mögen, liegen vor. Und ich
begrüße den heutigen Kirchentag als einen großen, längst erflehten
Fortschritt auf dem Wege zur Bildung unserer evangelischen Kirche
zur wahren ›Volkskirche‹, trotz allem Anschein, daß die Kirche von ihrem Gebiete verlieren werde.«

Feldners Gründungsaufruf erschien im »Menschenfreund«, dem
Mitteilungsblatt der von Adelbert Graf Recke-Volmerstein gegründeten Düsselthaler Rettungsanstalten. Am Tage nach dem alljährlich
stattfindenden Barmer Missionsfest, am 25. August 1848, kamen
»fünfunddreißig Pastoren und andere gläubige Männer« in Barmen zu-

sammen. Feldner eröffnete die Versammlung mit einem Referat über die Notwendigkeit der Evangelisierung Deutschlands. Im weiteren Verlauf der Zusammenkunft wurde der Satzungsentwurf und der Name des Vereins beschlossen. So wurde der 25. August 1848 zum Gründungstag der Evangelischen Gesellschaft für Deutschland. Dem Vorstand gehörten Ludwig Feldner als Präses sowie Carl Krafft und Carl Heinrich Neviandt an.

Die Evangelische Gesellschaft für Deutschland verstand sich vor allem als Sammlungsbewegung von Pfarrern und Gemeindegliedern, die sich für die volksmissionarische Arbeit in ihren eigenen Gemeinden verantwortlich fühlten. Sie verfolgte den Zweck, »an ihrem Theile durch die ihr von Gott gewiesenen Wege, vornehmlich durch Colportage, Stadtmission und Reisepredigt, zur Ausbreitung der evangelischen Heilswahrheit in ganz Deutschland beizutragen«. In wenigen Jahren waren Zweigvereine in Schlesien, Sachsen, Westfalen, im Rheinland sowie im Großherzogtum Hessen und in Frankfurt am Main entstanden. Nach dem Statut hatte der Zweigverein die Aufgabe, die Zwecke der Evangelischen Gesellschaft für Deutschland »durch Gebet und Gaben der Liebe zu fördern. Die Mitglieder desselben erkennen es als ihre Pflicht, persönlich für das Reich des Herrn nach allen Seiten hin zu wirken«.

Das Haupttätigkeitsfeld war die Verbreitung von Bibeln und christlichen Schriften durch Hausbesuche, so wie sie Wichern später in seiner Denkschrift von 1849 forderte. Die Reiseprediger und Bibelkolporteure waren hauptamtlich angestellte »Arbeiter der Gesellschaft«. Sie mußten sich in den ersten Jahren nach der Vereinsgründung in den einzelnen Gemeinden noch die Erlaubnis der Ortsbehörden zu ihrem Schriftenvertrieb einzeln einholen, bis 1851 eine generelle Erlaubnis für Preußen vorlag. In den ersten fünfundzwanzig Jahren stellte die Evangelische Gesellschaft für Deutschland insgesamt 179 Kolporteure an, die in achtzig preußischen Landkreisen arbeiteten. Aus den Hausbesuchen, bei denen stets eine Einladung zu Gottesdienst und Bibelstunde ausgesprochen wurde, entwickelten sich an vielen Orten Versammlungen von Gläubigen, die sich in den Zweigvereinen organisierten, regelmäßig Versammlungen abhielten und Versammlungshäuser errichteten. Von 1870 bis zum ersten Weltkrieg erlebte die Evangelische Gesellschaft für Deutschland ihr größtes Wachstum. 1907 verfügte sie über

43 eigene Vereinshäuser, in denen Bibelstunden, Bibelbesprechstunden, Gebetsstunden, Sonntagsschulen und Feste abgehalten wurden. In vielen ihrer Häuser fanden die Jünglingsvereine, Jungfrauenvereine und Frauenvereine eine Heimstatt.

Die Verbindungslinien von Johanna Faust zur Evangelischen Gesellschaft für Deutschland sind leicht erkennbar, denn immer wieder versahen Pastoren der lutherischen und reformierten Gemeinde Elberfeld das Amt des Vorsitzenden der Gesellschaft. Wie bereits erwähnt, war der erste Vorsitzende Ludwig Feldner von 1848-1858. Er hielt regelmäßig bei Johanna Faust in der Riemenstraße Bibelstunde und verkehrte auch sonst viel in ihrem Hause. Nach seinem Austritt aus der Landeskirche und nach erfolgter Gründung der alt-lutherischen Sankt Petri-Gemeinde trat er als Präses der Gesellschaft zurück. Über Johanna Fausts Verhältnis zu Feldner schreibt Wilhelm Busch:

»Der treue Gottesmann Feldner war ihr ein Freund und hat viel in ihrem Hause verkehrt, aber als er damals meinte, mit einer ganzen Reihe von Gemeindegliedern austreten zu müssen, da hat er unsere Tante Hanna in keiner Weise beeinflussen können; er schied sich auch von ihr.«

Feldners Nachfolger wurde Heinrich Wilhelm Rinck, der bereits von 1855 bis 1856 Inspektor der Gesellschaft gewesen war; er blieb Präses bis zu seinem Tode am 18. Januar 1881. Rinck war einer der ersten Pastoren, die im Elendstal predigten und Bibelstunden hielten. Er unterstützte Johanna Faust bei der Einrichtung von Bibelbesprechstunden in ihrem Hause und jedes Jahr bei der Durchführung des Freundesfestes. Ein weiterer Verbündeter der Tante Hanna war Emil Ohly, der von 1883-1888 Vorsitzender der Evangelischen Gesellschaft für Deutschland war. Er begleitete als treuer Helfer und Prediger die volksmissionarische Arbeit im Elendstal. Sein Nachfolger war von 1888-1924 Friedrich Coerper, Pastor der Vereinigt-Evangelischen Gemeinde Unterbarmen. Er führte nach dem Tode von Johanna Faust die Elendstaler Arbeit weiter.

Im Jahre 1900 übereignete Johanna Faust der Evangelischen Gesellschaft für Deutschland einen Bauplatz in der Riemenstraße. Während ihrer letzten Lebensjahre sammelte sie mit großem Eifer Geldspenden für ein Vereinshaus, das nach ihrem Wunsch in der Riemenstraße gebaut werden sollte. Doch erst nach ihrem Tode konnte die Evangelische Gesellschaft für Deutschland am 13. November 1904 das Vereinshaus am Arrenberg einweihen. Bei der Einweihungsfeier hielt Pastor Heinrich Niemöller die Weiherede, in der er vor allem auch der »Wohltäterin des Arrenbergs, der unvergeßlichen Johanna Faust«, gedachte. Weitere Ansprachen hielten Friedrich Coerper sowie ein »langjähriger Freund der Arrenberger«, Jakob Haarbeck, Pastor der reformierten Gemeinde Elberfeld und Vorstandsmitglied der Gesellschaft seit 1899. Chorlieder sang der Arrenberger Männer- und Jünglingsverein, der von nun an seinen festen Platz im neuen Vereinshaus hatte.

Die große Zahl der Vorstandsmitglieder, mit denen Johanna Faust in geistlicher Verbindung stand, verdeutlicht ihre enge Verbundenheit mit der Evangelischen Gesellschaft für Deutschland. Zu ihnen gehörten außer den Genannten, die Pastoren Johannes Hörnemann, Carl Krafft, Hermann Krafft, Eduard Keeser, Karl Ohly, Hermann Dannert und Leonhard Müller. Besonders hervorzuheben ist der langjährige Schatzmeister der Gesellschaft, Julius Schniewind. Er war Textilfabrikant und langjähriger Presbyter der lutherischen Gemeinde in Elberfeld. Er gehörte der Gesellschaft seit 1879 an und stellte sich ihr 23 Jahre lang als Vorstandsmitglied zur Verfügung. Als er 1902 starb, vermachte er der Evangelischen Gesellschaft für Deutschland eine Summe von 20.000 Mark für die Elberfelder Stadtmission. Er war der Vater des Theologieprofessors und späteren Propstes von Halle-Merseburg, Julius Schniewind (1883-1948).

Das 1904 erbaute Vereinshaus auf Tante Hannas Grundstück

Das lutherische Rettungshaus

Im Jahre 1859 war wieder einmal, wie schon zehn Jahre zuvor, eine Choleraepidemie im Wuppertal ausgebrochen, der viele Erwachsene und Kinder zum Opfer fielen. Johanna Faust gehörte zu den selbstlosen Helfern, die die Kranken und Sterbenden besuchte, um sie zu pflegen und ihnen den Trost des Wortes Gottes zu bringen. Über ihren Einsatz während dieser Zeit berichtete Wilhelm Busch:

»Die von allen gefürchtete Krankheit brach in Vohwinkel und Sonnborn aus und kam dann später nach Elberfeld. Das war eine ernste Gerichtszeit, in der der Würgeengel durch die Massen ging und fast kein Haus verschonte. Da konnte der kleine Raum am Arrenberg, wo die schon länger eingerichtete Gebetsstunde gehalten wurde, kaum die Beter fassen. Wie trat da den Leuten der Ernst der Ewigkeit so unmittelbar vor die Augen! Da konnten Männer morgens gesund zur Arbeit gehen, und abends schon wurden ihre Leichen abgeholt. Da war es für unsere Hanna ausgemachte Sache, daß es um Jesu willen ihre Pflicht sei, den armen Kranken beizustehen mit treuer Pflege und ihnen namentlich auch zu dienen mit dem Wort des Lebens. In Vohwinkel und Sonnborn pflegte sie, und dann wieder in Elberfeld, und wo die Männer ängstlich wichen und flohen, da blieb sie getrost. Kein Kranker war ihr zu ekelhaft, kein Krankenzimmer war ihr zu gering, überall war sie rastlos tätig im Geiste rechter Jesusliebe. Und der Herr gab ihr in dieser Zeit besondere Kraft und Stärkung. Sie konnte wohl zwei Nächte hintereinander wachen, und schlief dann wieder eine Nacht, um hernach wieder zwei Nächte zu wachen. ›Sie konnte dann‹, so schreibt ein lieber Freund, ›zwiefache Speise zu sich nehmen‹. Sie selbst wurde auf ganz wunderbare Weise vor der furchtbaren Seuche bewahrt. Eines abends allerdings ist es ihr, als ob die Krankheit ausbräche: es wird ihr übel, sie fühlt die Zuckungen, kurz, es stellen sich all die Merkmale der schrecklichen Krankheit ein. Sie muß sich legen und befiehlt ihre Seele dem Herrn, redet aber auch und ringt unermüdlich mit ihm: ›Herr, du kannst mich eigentlich noch nicht wegnehmen; meine Kranken brauchen mich noch so nötig.‹ Unterdessen pocht's an der Türe; es ist jemand da, der will die Hanna zu einem Schwerkranken rufen, der so sehnlich nach ihr verlangt. Und siehe da! sie schaut im Glauben den Herrn an, erhebt sich von ihrem Lager, geht zu dem Kranken, ist dort die ganze Nacht sehr stark in Anspruch genommen und hat gar keine Zeit an sich zu denken, und – die Krankheit ist überwunden, kommt bei ihr nicht zum Ausbruch.«

Viele Kinder hatten durch die grassierende Seuche beide Eltern oder einen Elternteil verloren und standen unbemittelt auf der Straße. Um sie vor leiblich-seelischer Verwahrlosung zu bewahren, regte Pastor Gottlob Barner seine lutherische Gemeinde in Elberfeld an, ein Rettungshaus einzurichten.

Die Bezeichnung »Rettungshaus« stammt von Adelbert Graf Recke-Volmerstein (1791-1878), der 1819 auf dem väterlichen Gut Overdyk bei Bochum und ab 1822 im früheren Trappistenkloster Düsselthal arme, kranke und verlassene Kinder aufnahm und erzog, die während der napoleonischen Kriege und in den Jahren danach ihre Eltern verloren hatten. Die Rettungshäuser jener Zeit, Leitbilder neuzeitlicher Heimerziehung, sind aus dem Geist der Erweckungsbewegung hervorgegangen. Ihren Gründern ging es darum, Kinder

Das Rettungshaus in Elberfeld, in der Blankstraße

nicht nur vor leiblichem Verderben zu bewahren, sondern sie auch durch Pflege biblisch gegründeter Frömmigkeit für die Ewigkeit zu retten. Häuser dieser Art entstanden unter tätiger Mithilfe der *Deutschen Christentumsgesellschaft* in Basel in vielen Gebieten Deutschlands, so zum Beispiel in Beuggen am Oberrhein, in Weimar und in Korntal.

Gottlob Barners Vater war Lehrer und Hausvater am Korntaler Rettungshaus; von ihm mag der Sohn die Anregung zur Gründung des Elberfelder Hauses erhalten haben. In weniger als einem Jahr wurden durch Kollekten und namhafte Einzelspenden 9.000 Taler gesammelt, mit denen ein Haus »Vorm Holz«, unterhalb des Grifflenbergs gelegen, gekauft werden konnte. Am 17. Juni 1860 wurde es bezogen. Doch schon 1866 mußte es einem Neubau-Vorhaben weichen. Als es darum ging, die Geldmittel eines neuen Rettungshauses aufzubringen, stellte sich Johanna Faust als Sammlerin zur Verfügung.

Hausvater und Lehrer des Elberfelder Rettungshauses wurde der im badischen Daisbach geborene Wilhelm Busch, dessen Bruder Konrad zur gleichen Zeit als Lehrer am Barmer Missionskinderhaus wirkte. Er ist der Vater von Dr. Wilhelm Busch, der von 1897 bis 1906 Pfarrer am Hombüchel in Elberfeld war. Mit beiden Buschs war Johanna Faust auf Grund vieler gemeinsamer Aufgaben jahrzehntelang freundschaftlich verbunden. An den Jahresfesten des Rettungshauses nahm sie stets regen Anteil. Die Zöglinge des Hauses wurden von Wilhelm Busch in der hauseigenen Schule in den Fächern der Volksschule unterrichtet. Dem Hause war außerdem eine Präparandenanstalt angegliedert, in der junge Männer für die Aufnahme in ein Lehrerseminar vorbereitet wurden.

Ein Kuratorium, bestehend aus sechzehn Personen, leitete die Geschäfte des Hauses. Von 1860 bis zu seinem Tode im Jahre 1902 war Gottlob Barner Präses des Kuratoriums. Die Rettungshausfeste, die Bibelstunden am Arrenberg und im Elendstal waren seine »liebsten Stunden«. Weitere Mitglieder des Kuratoriums waren unter anderem die bereits mehrfach genannten Heinrich Ernst Schniewind (sen.), Heinrich Ernst Schniewind (jun.), Wilhelm Boeddinghaus und Heinrich Wilhelm Rinck.

Das Johanneum

Unter dem Einfluß der angelsächsischen Erweckungsbewegung, die der Bonner Theologie-Professor *Theodor Christlieb* (1833-1889) während seiner siebenjährigen Londoner Pfarrtätigkeit persönlich kennengelernt hatte, entstanden 1883 auf seine Initiative in Bonn der *Deutsche Evangelisationsverein* sowie am 2. April 1886 das *Johanneum*, eine Schule zur Ausbildung junger Männer für den Missions- und Evangelistendienst innerhalb der evangelischen Landeskirche. Nach dem Tode Christliebs wurde 1893 der Sitz des Johanneums von Bonn nach Barmen verlegt und Theodor Haarbeck (1846-1923), der zuvor Inspektor der Pilgermission Sankt Crischona bei Basel

Pfarrer Prof. Theodor Christlieb

83

war, zum Direktor berufen. Der jüngste Bruder Theodor Haarbecks, Jakob, war seit 1893 reformierter Pfarrer in Elberfeld und viele Male Gastprediger im Elendstal. Sein Sohn, der emeritierte Unterbarmer Pfarrer Dr. Gustav Haarbeck, erzählt heute noch in hohem Alter gerne von den Festen im Elendstal, die er als kleiner Junge, an der Hand seines Vaters, besuchen durfte.

Außer Christlieb waren Jasper von Oertzen, Otto Erdmann und vor allem der freie Evangelist *Elias Schrenk* am Aufbau und an der Ausbreitung der Evangelisations- und Gemeinschaftsbewegung in Deutschland beteiligt. Elias Schrenk, der um der Sache des Evangeliums willen ein ungewöhnlich bewegtes Reisepredigerleben führte, kann als einer der bedeutendsten Evangelisten vor und nach der Jahrhundertwende in Deutschland angesehen werden. Für ihn war –

Prediger Elias Schrenk

84

wie schon vorher für Johann Hinrich Wichern – die Evangelisation die wesentlichste Lebensäußerung einer lebendigen Kirche, durch die das Evangelium als das wahre Heil in Jesus Christus allen Menschen in der ganzen Welt ohne Ansehen der Konfession, des Standes oder der Hautfarbe angeboten wird. Dieses Angebot bewirkt, wenn es vom einzelnen im Glauben angenommen wird, persönliche Entscheidung und Bekehrung und seine Hinwendung zur Gemeinde als dem sichtbaren Leibe Christi.

Schrenk nahm wiederholt als Prediger an den Versammlungen der *Blankenburger Allianz* teil, die 1886 in Thüringen gegründet worden war. An den Zusammenkünften der *Altpietistischen Gemeinschaften in Württemberg* wirkte er ebenfalls mit. Er war auch dabei, als in der Pfingstwoche des Jahres 1888 in Gnadau bei Magdeburg die erste *Gnadauer Konferenz* stattfand. Aus dem Wuppertal nahmen an dieser für die Gemeinschaftsbewegung wichtigen Versammlung unter anderem der uns bekannte Unternehmer Julius Schniewind (Elberfeld), Pastor Friedrich Coerper (Unterbarmen) und Pastor Leonhard Müller (Barmen-Gemarke) teil. Schrenk blieb seit der Gründung bis zu seinem Tode mit dem Johanneum in Barmen eng verbunden. Zusammen mit den Pfarrern Leonhard Müller, Friedrich Coerper, Eduard Keeser und Karl Krummacher gehörte Schrenk dem Leitungsorgan des Johanneums an. Er hat mehrere Male im Elendstal gepredigt und ist dort öfter mit Johanna Faust zusammengetroffen. Sie muß einen großen Eindruck auf ihn gemacht haben. Von ihm stammt die zutreffende Charakterisierung dieser Frau als eine »Großmacht in Elberfeld«. In seiner geistlichen Vollmacht hat er unzählig vielen Menschen den Weg zum Heil gewiesen. So bekennt zum Beispiel der evangelische Theologe Karl Heim (1874-1958), daß er unter dem Eindruck seiner Evangelisation seine Bekehrung zum missionarisch-aktiven Christentum erlebt habe.

Johanna Faust, die sich nach dem Zeugnis von Friedrich Coerper Anfang der neunziger Jahre des vorigen Jahrhunderts so sehr für die Ansiedlung der Evangelistenschule im Wuppertal eingesetzt hatte, blieb bis an ihr Lebensende mit dieser gesegneten Ausbildungsstätte eng verbunden. Bei Wilhelm Busch heißt es:

»Auch dem Johanneum, der Evangelistenschule in Barmen, brachte sie volles Verständnis und warmes Interesse entgegen. Dem hat sie auch dadurch Ausdruck gegeben, daß sie die Hausgemeinde des Johanneums jedes Jahr im Sommer einmal im Elendstal festlich bewirtete. Und die Brüder kamen gerne und freuten sich an der Liebe und Teilnahme, die von dieser alten Frau ihrer Arbeit entgegengebracht wurden, stärkten sich auch an dem Geist des Glaubens, den sie hier wahrnehmen durften.«

Im Kampf um den rechten Glauben

An ihrem Arbeitsplatz in der Fabrik, aber auch in den verschiedenen Häusern, Kreisen und Vereinen, in denen Johanna Faust später verkehrte, war sie Ohrenzeuge der geistigen und politischen Auseinandersetzungen innerhalb der Parteien um die Lösung der sozialen Frage, die überall in Europa aufgebrochen war. Sie war nicht blind für das Elend der Arbeiterfamilien in ihrer unmittelbaren Umgebung. Sie kannte es aus eigenem Erleben besser als viele ihrer Zeitgenossen, die in wirtschaftlicher Unabhängigkeit und Sorglosigkeit leben konnten und sich daran gemacht hatten, sich in ihrer Studierstube oder auf der Rednertribüne eine Theorie zurechtzulegen, die ihren persönlichen Machtinteressen entsprach.

Während andere den Umsturz des Staates und der Gesellschaftsordnung proklamierten, zum Klassenhaß und Klassenkampf aufriefen und den christlichen Glauben als einen längst überholten, volksverdummenden Aberglauben verspotteten, wandte sich Johanna Faust dem von Marx und Engels verachteten »Lumpenproletariat« zu, das sich als »passive Verfaulung der untersten Schichten der alten Gesellschaft« keine Hoffnung auf Befreiung aus seiner Not durch die selbsternannten »Arbeiterführer« machen durfte. Während Marx und seine Gefolgsleute die Zerschlagung der bürgerlichen Ehe und Familie lehrten und selbst ein sexuell freizügiges Leben führten, kümmerte sie sich wie eine besorgte Mutter um die jungen Männer und Frauen und bewahrte sie vor Unzucht und sittlichem Verfall, indem sie ihnen in ihrem Häuschen eine geistliche Heimat und eine bergende Gemeinschaft schenkte. Während Marx und Engels eine erwiesenermaßen falsche Wirtschaftslehre propagandistisch unters Volk brachten, die später über hunderte von Millionen Menschen im »real existierenden Sozialismus« Sklaverei, Tod, Hunger, Armut und Elend brachte, gelang es Johanna Faust, mit vergleichsweise geringen finanziellen Mitteln Hilfsbedürftigen in konkreter Notlage unmittelbar zu helfen. Im Unterschied zu Marx, der selbst nicht mit Geld umgehen konnte und Millionen aus den Spenden der Arbeiter und vor allem aus dem Vermögen von Friedrich Engels für seine aufwendige Lebensführung verschleuderte, sparte und sammelte sie Pfennig um Pfennig zum Bau und zur Erweiterung des Elendstals. Sie war sich mit Wichern, Feldner und Sander darin einig, daß die Hauptursache der sozialen, wirtschaftlichen und politischen Zerrüttung in der Verachtung des Evangeliums und des göttlichen Gesetzes durch viele Menschen in allen Ständen des Volkes zu suchen war.

Auch im Wuppertal zeigte es sich, daß sich zwar Fabriken, Häuser und Geldvermögen, aber nicht der Glaube an Jesus Christus vererben lassen. Manche Söhne der zu Reichtum und Ansehen gelangten Mütter und Väter der Erweckungsbewegung zu Beginn des 19. Jahrhunderts pflanzten den Glauben ihrer Eltern nicht fort, sondern konzentrierten sich auf die Ausweitung ihrer geschäftlichen Unternehmungen und auf die Vermehrung ihres Reichtums. Viele Nachkommen der Honoratioren zogen sich von den kirchlichen Ämtern zurück und pflegten einen aufwendigen Lebensstil. Einer der reichen Nachbarn der Tante Hanna im Elendstal, der seine Reitpferde und großen Doggen über alles liebte und spontan 4.000 Goldmark zum Kauf eines Elefanten für den neuen Zoo stiftete, mag als Beispiel für diesen »neuen Typ« des Unternehmertums gelten. Sein Name taucht in den Spender- und Helfer-Annalen des Elendstals nicht auf.

Die Begeisterung der »neuen Reichen« galt nicht mehr in gleichem Maße wie noch ihren Vätern und Großvätern der Mission, der Ausbreitung des Evangeliums und der Hilfe für die Armen der Gemeinde, sondern den schönen Künsten, der Musik und der Pflege anspruchsvoller Geselligkeit. In den begüterten evangelischen Familien des Wuppertals offenbarte sich in der zweiten Hälfte des 19. Jahrhunderts eine Entwicklung, die schon John Wesley, der Begründer des Methodismus (1703-1791), geahnt hat:

»Ich fürchte«, schrieb er, »wo immer der Reichtum sich vermehrt hat, da hat der Gehalt an Religion im gleichen Maße abgenommen. Daher sehe ich nicht, wie es, nach der Natur der Dinge, möglich sein soll, daß irgendeine Wiedererweckung echter Religiosität lange Dauer haben kann. Denn Religion muß notwendig sowohl Arbeitsamkeit als Sparsamkeit erzeugen, und diese können nichts anderes als Reichtum hervorbringen. Aber wenn Reichtum zunimmt, so nimmt Stolz, Leidenschaft und Weltliebe in all ihren Formen zu. Wie soll es also möglich sein, daß der Methodismus, das heißt eine Religion des Herzens, mag sie jetzt auch wie ein grünender Baum blühen, in diesem Zustand verharrt? Die Methodisten werden überall fleißig und sparsam; folglich vermehrt sich ihr Güterbesitz. Daher wachsen sie entsprechend an Stolz, Leidenschaft, an fleischlichen und weltlichen Gelüsten und Lebenshochmut. So bleibt zwar die Form der Religion, der Geist aber schwindet allmählich. Gibt es keinen Weg, diesen fortgesetzten Verfall der reinen Religion zu hindern? Wir dürfen die Leute nicht hindern, fleißig und sparsam zu sein. Wir müssen alle Christen ermahnen, zu gewinnen was sie können, und zu sparen, was sie können, das heißt im Ergebnis: reich zu werden.«

Große Teile der bürgerlichen und kleinbürgerlichen Bevölkerung blieben zwar dem kirchlichen Leben formell verbunden, aber sie beschränkten sich zunehmend auf die Gewohnheit des gelegentlichen sonntäglichen Kirchgangs. Viele Arbeiter und selbständige Handwerker wandten sich im 19. Jahrhundert der kirchenfeindlichen Propaganda des Sozialismus in seinen unterschiedlichen Schattierungen zu.

Einer der Begründer des sich »wissenschaftlich« nennenden Sozialismus war bekanntlich Friedrich Engels (1820-1895). Er war Zeitgenosse von Johanna Faust und stammte wie sie aus dem Wuppertal. In seinem wohlhabenden Barmer Elternhaus herrschte eine christliche, sich auf den biblischen Glauben gründende Lebensführung. Sein Vater bekleidete in der 1822 gegründeten Vereinigt-Evangelischen Gemeinde Unterbarmen hohe Ämter; er war ein großherziger Geldgeber für die vielfältigen diakonischen und baulichen Aufgaben der noch jungen Gemeinde. Friedrich Engels erlebte als das älteste von acht Geschwistern eine sorglose Kindheit im Hause seiner Eltern. Er las viel, schrieb geistliche Gedichte und befand sich während seiner Konfirmandenzeit in einem Zustand tiefer innerer religiöser Bewegung. So schreibt er als Siebzehnjähriger: »Ich habe geglaubt, weil ich einsah, so nicht mehr in den Tag hineinleben zu können, weil mich meine Sünden reuten, weil ich der Gemeinschaft mit Gott bedurfte.«

Engels absolvierte eine kaufmännische Lehre in Bremen. Fernab von der Heimat begann er unter dem Einfluß der damaligen Philosophie sich Gedanken über die »scheinheilige Frömmigkeit« seiner Vaterstadt zu machen. Das Studium des Buches von David Friedrich

Strauß (1804-1874) mit dem Titel »Das Leben Jesu« zerstörte seinen Bibelglauben. Die Evangelien waren für Strauß nur überlieferte Mythen, absichtsvoll gedichtete Sagen und nur noch in ihrem historischen Zusammenhang zu verstehen. Als ungewöhnlich belesener, geistig aufgeschlossener junger Mann von kaum neunzehn Jahren rang er um Glaubensgewißheit und Wegweisung. Seine Bremer Briefe an die Barmer Pfarrerssöhne und ehemaligen Mitschüler und Freunde Friedrich und Wilhelm Graeber geben Aufschluß über seinen inneren geistigen Kampf, den er sich nicht leicht gemacht hat. Am 15. Juni 1839 schrieb er an Friedrich Graeber: »Ich will dir nur grade heraus sagen, daß ich jetzt dahin gekommen bin, nur die Lehre für göttlich zu halten, die vor der Vernunft bestehen kann. Wer gibt uns das Recht, der Bibel blindlings zu glauben? Nur die Autorität derer, die es vor uns getan haben. Ja, der Koran ist ein organischeres Produkt als die Bibel, denn er fordert Glauben an seinen ganzen *fortlaufenden* Inhalt. Die Bibel aber besteht aus vielen Stücken vieler Verfasser, von denen viele nicht einmal *selbst* Ansprüche auf Göttlichkeit machen. Und wir sollen sie, unsrer Vernunft zuwider, glauben, bloß weil unsere Eltern es sagen?«

Der junge Engels wollte die Freiheit der Vernunft und den Anspruch auf Selbstbestimmung des Menschen gegen die als intellektuelle Zumutungen empfundenen Verheißungen des Glaubens verteidigen. Es war kein folgenloses Gedankenspiel, dem er sich zu seiner Zeit hingab, sondern Vorbereitung einer schwerwiegenden Entscheidung. Er empfand jene Zeit selbst als eine Zeit der inneren Klärung, wenn er schreibt: »Ich hoffe, eine radikale Veränderung im religiösen Bewußtsein der Welt zu erleben; – wäre ich nur erst selbst im klaren! Doch das soll schon kommen, wenn ich nur Zeit habe, mich ruhig und ungestört zu entwickeln.« Sechs Wochen später, am 26. Juli, vertraut er seinem Freund an: »Die Tränen kommen mir in die Augen, wenn ich dies schreibe, ich bin durch und durch bewegt, aber ich fühle es, ich werde nicht verlorengehen, ich werde zu Gott kommen, zu dem sich mein ganzes Herz sehnt. Und das ist auch ein Zeugnis des Heiligen Geistes: Darauf leb' ich und sterb' ich, ob auch zehntausend Mal in der Bibel das Gegenteil steht.«

Während seiner Beschäftigung mit der Philosophie Hegels und vor allem Ludwig Feuerbachs löste er sich vom Glauben seiner Eltern und seiner Unterbarmer Gemeinde. Gemeinsam mit Karl Marx verfaßte er als sozialistisches Glaubensbekenntnis das »Kommunistische Manifest«, das im Februar 1848 in London erschien. Im Mai 1849 beteiligte er sich als einer der Organisatoren am Aufstand in Elberfeld, half Barrikaden bauen, mußte vor den von Düsseldorf heranrückenden preußischen Truppen fliehen und emigrierte als steckbrieflich Gesuchter ins Ausland.

Engels führte ein Doppelleben: Er war einerseits der angesehene Unternehmersohn in der Zweigniederlassung Ermen & Engels in Manchester, der sich wertvolle Reitpferde hielt und Fuchsjagden in erlesener Gesellschaft liebte, und andererseits der revolutionäre Agitator und Scharfmacher, dessen genialer Vereinfachung der Ideen seines Freundes Marx der Marxismus seinen internationalen Erfolg als innerweltliche Erlösungs- und Heilslehre letztlich verdankt. Nach dem Tode von Karl Marx wurde er, der das Auslegungsmonopol für die Werke seines Freundes mit Erfolg beanspruchte, der geistige Führer der internationalen sozialistischen Arbeiterbewegung. Er glaubte, das Entwicklungsgesetz der menschlichen Gesellschaft und Geschichte entdeckt zu haben, demzufolge am Ende aller Klassenkämpfe unfehlbar der Sieg des Proletariats über die besitzenden Klassen, die Beseitigung von Herrschaft und Knechtschaft und die Aufrichtung des »Reichs der Freiheit« stehen werden.

Die Weltanschauungslehren des Sozialismus und Kommunismus, die Marx und Engels in der Auseinandersetzung mit dem christlichen Glauben, aber auch mit dem sozialromantischen Schwärmertum ihrer Zeit geformt haben, sind in ihren Wurzeln atheistisch: An die Stelle Gottes als Schöpfer der Welt und Herr der Geschichte tritt ein unerbittliches Entwicklungsgesetz, das die Menschen, die sich ihm entgegenstellen, zu einflußlosen Marionetten degradiert. An die Stelle des Heilandes der Welt, der den Menschen aus dem Zustand seiner heillosen Zerrüttung mit Gott und seinen Mitmenschen wieder herausführt, tritt die vage Hoffnung, daß es der vereinten Kraft der Arbeiterklasse möglich sein werde, selbst das ersehnte Reich der Freiheit, der Gerechtigkeit und des Friedens zu schaffen. Dieser Traum kommt im Kampflied der sozialistischen Arbeiterbewegung zum Ausdruck:

»Es rettet uns kein höh'res Wesen,
kein Gott, kein Kaiser, kein Tribun,
uns aus dem Elend zu erlösen,
das können wir nur selber tun.«

An die Stelle des kindlichen Vertrauens, daß der himmlische Vater die Seinen nicht verläßt, tritt der blinde Glaube der Massen an die Lehren des Sozialismus, der den Anspruch erhebt, eine »Wissenschaft« zu sein, deren Erkenntnisse unumstößlich sind.

Der Sozialismus fand auch im Wuppertal seine Anhänger und Verfechter, die mit der Kirche und ihren Repräsentanten in Zeitungen, Flugblättern und Reden hart ins Gericht gingen. Die Sozialisten bildeten aber keine einheitliche Partei, sie waren unter sich wegen unterschiedlicher Auffassungen über die erfolgreichere Strategie, die zum erwünschten Ziel führen sollte, zerstritten. In Elberfeld, Barmen und Ronsdorf hatte der politisch gemäßigtere Advokat und Schriftsteller Ferdinand Lassalle, der Gründer des Allgemeinen Deutschen Arbeitervereins (1863), eine große Anhängerschaft. Am 22. Mai 1864 wurde er als Präsident seiner Partei wie ein neuer Religionsstifter in Elberfeld empfangen und im Triumphzug nach Ronsdorf geleitet, wo er eine seiner letzten Propagandareden hielt, bevor er am 31. August desselben Jahres in Genf wenig ruhmvoll an den Folgen einer Verwundung starb, die er sich im Duell mit einem Adligen wegen eines Liebesabenteuers zugezogen hatte. Wegen seiner politischen Annäherungsversuche an den preußischen Ministerpräsidenten, Otto Fürst Bismarck, wurde er von den marxistischen Sozialdemokraten beargwöhnt.

Nach einem Attentatsversuch des zwanzigjährigen Gelegenheitsarbeiters Max Hödel auf den alten Kaiser Wilhelm I. am 11. Mai 1878 Unter den Linden in Berlin erließ der Reichstag am 21.Oktober 1878 das zunächst auf drei Jahre befristete Ausnahmegesetz gegen die »gemeingefährlichen Bestrebungen der Sozialdemokratie«, das die Polizei ermächtigte, ihre Vereine aufzulösen, ihre Propagandisten des Landes zu verweisen sowie ihre Zeitungen und Schriften zu beschlagnahmen. Erst im Oktober 1890 wurde das Gesetz aufgehoben.

Sein Vollzug führte zum Verbot von 322 sozialistischen Zeitungen, zur Ausweisung von 900 Personen und zur gerichtlichen Verurteilung von rund 1.500 des Umsturzversuches beschuldigten Sozialisten. Unter den Ausgewiesenen und Verurteilten waren auch Elberfelder, so zum Beispiel Hugo Hillmann (1823-1898) und der Reichstagsabgeordnete Wilhelm Hasselmann (1844-1916). Das »Sozialistengesetz« führte zu einer Radikalisierung der sozialistischen Bewegung und vor allem zum Aufflammen des Anarchismus, der vor Gewaltakten nicht zurückschreckte. Am 4. September 1883 kam es in einer Elberfelder Gaststätte während der Tagung des Ärztevereins zu einem Sprengstoffanschlag. Drei Wochen später, am 28. September, schlug ein Attentatsversuch gegen Kaiser Wilhelm I. fehl, der sich anläßlich der Einweihung des Niederwalddenkmals in Rüdesheim aufhielt. Es wurde zur Erinnerung an den deutsch-französischen Krieg von 1870/71 sowie an die Gründung des Deutschen Reiches errichtet. Ende Oktober desselben Jahres erfolgte ein weiteres Sprengstoffattentat in Frankfurt am Main.

Verübt wurden die terroristischen Anschläge von Anarchisten, die im Wuppertal ihren Wohnsitz hatten. Nach ihrer Festnahme befanden sie sich im Elberfelder Gefängnis in Untersuchungshaft. Karl Heinersdorff, der Gefängnispfarrer, berichtete über seine Gespräche mit ihnen in seiner Autobiographie. Zwei von ihnen, Reinsdorf und Küchler, wurden nach ihrer Verurteilung durch das Reichsgericht am 9. Februar 1885 in Leipzig durch das Fallbeil hingerichtet, ein dritter, Rupsch, wurde zu lebenslänglichem Zuchthaus begnadigt. Er meldete sich im ersten Weltkrieg zur Front und fiel 1916 in der Schlacht an der Somme in Frankreich. Wie stark der radikale Flügel innerhalb der Elberfelder und Barmer Sozialdemokratie war, zeigte sich während der innerparteilichen Auseinandersetzungen um die Wahl des Kandidaten für die Reichstagswahl am 28. Oktober 1884, in deren Verlauf sich die gemäßigtere Richtung nur mit knapper Mehrheit durchsetzen konnte.

Johanna Faust war in den agitatorisch aufgeputschten Arbeiterkreisen keine Unbekannte. Sie wußte die faszinierende Wirkung der atheistischen Heilslehre auf die Arbeiter realistisch einzuschätzen. Sowohl durch ihre Hausbesuche als auch durch ihre Kinder- und Jugendarbeit wurde sie unbeabsichtigt zur Konkurrentin der Sozialisten. In den Arbeiterwohnvierteln verteilte sie christliche Schriften und lud zu den Bibelstunden in den Gemeinde- und Vereinshäusern ein. Hier, in den ärmlichen Wohnungen, war ihr eigentliches Wirkungsfeld. Für den Elberfelder Erziehungsverein brachte sie den »Kinderboten«, ein Sonntagsschulblatt sowie den »Arbeiterfreund« in die Häuser. Vor allem die Elendstaler Arbeit, die regelmäßig große Teilnehmergruppen anzog, war manchen sozialistischen Funktionären ein Dorn im Auge, weil sie wußten, daß Tante Hanna und die dort predigenden Pfarrer die Ideologie des Sozialismus ohne Wenn und Aber ablehnten.

Johanna Faust machte aus ihrer im biblischen Glauben verankerten Abneigung gegen die sozialistische Parteidoktrin keinen Hehl. Wie würde sie heute staunen, wenn sie erführe, daß führende Persönlichkeiten der Sozialdemokratie Mitglieder kirchenleitender Gremien sind, evangelische Pfarrer und Superintendenten der Partei beigetreten oder als Abgeordnete für sie im deutschen Bundestag sowie in Länderparlamenten tätig sind. Manche Söhne und Enkel ihrer Freunde vom Elendstal sind heute aktive Mitglieder jener Partei, die für sie Inbegriff frevelhaften Aufbegehrens gegen Gottes Weisungen war.

Für sie waren christlicher Glaube und Sozialismus unvereinbar wie Feuer und Wasser. Sie schlossen sich wechselseitig wegen ihrer entgegengesetzten Auffassungen über den rechten Weg zu wahrem Frieden, zur wahrer Freiheit und zu wahrer Gerechtigkeit aus. Die gewalttätigen Angriffe gegen das Leben des Kaisers mußte sie als schwere Sünde gegen Gott ansehen, denn für sie stand unbezweifelbar fest, was der Apostel Paulus in seinem Brief an die Römer im 13. Kapitel geschrieben hatte: »Jedermann sei untertan der Obrigkeit, die Gewalt über ihn hat. Denn es ist keine Obrigkeit außer von Gott, wo aber Obrigkeit ist, die ist von Gott angeordnet. Wer sich nun der Obrigkeit widersetzt, der widerstrebt der Anordnung Gottes; die ihr aber widerstehen, ziehen sich selbst das Urteil zu.«

Für Johanna Faust hatte der Staat, dessen Unvollkommenheit auch sie erkannte, die Aufgabe, nach dem Maß menschlicher Einsicht und menschlichen Vermögens unter Androhung und Ausübung von Gewalt für Recht und Frieden zu sorgen. Sie, die sich selbst vorbildlich für Versöhnung und Vergebung unter den Menschen, die ihr begegneten, einsetzte, mußte den Parolen des Klassenkampfs und der gewaltsamen Veränderung der Machtverhältnisse auf ihre »entwaffnende« Weise entschlossen entgegentreten. Sie konnte und durfte auch nicht zur Zerstörung der biblischen Grundlagen des Ehe- und Familienlebens sowie der Sexualethik schweigen, wie sie von manchen Sozialisten theoretisch und praktisch betrieben wurde und in den programmatischen Erklärungen ihren Niederschlag fand.

So entschieden sie auch die sozialistische Ideologie ablehnte, so bedingungslos bemühte sie sich in geduldiger, demütiger und liebevoller Zuwendung um jeden einzelnen Arbeiter, der sich von den Heilsversprechen der Funktionäre hatte blenden lassen. Wo sie nur konnte, versuchte sie irgendeinem von ihnen einen Liebesdienst zu erweisen oder seine materielle Not zu lindern.

Da war eine Arbeiterfamilie, in der Mann und Frau verschiedene Wege gingen: Er war überzeugter Sozialdemokrat, sie ging regelmäßig ins Elendstal, um sich am Trost des Evangeliums wieder aufzurichten. Sie waren sehr arm und besaßen keine Winterkleidung. Der Mann war erbost darüber, daß seine Frau ins Elendstal ging. Er beschimpfte und mißhandelte sie, um ihr jeden weiteren Kontakt mit den von ihm verspotteten »Frommen« zu verleiden. Besonders wütend war er auf Johanna Faust, die nach seiner Ansicht seine Frau gegen ihn aufgebracht hatte. Als sie davon erfuhr, packte sie ein großes Paket mit warmer Kleidung, die ihr von Freunden geschenkt worden war, und ging eines Tages selbst zu der Familie, obwohl der Mann ihr angedroht hatte, sie eigenhändig die Treppe hinunterzuwerfen, falls sie es doch wagen sollte, seine Wohnung zu betreten. Zuerst wollte es der Mann nicht glauben, daß dieses wertvolle Paket für ihn bestimmt sein sollte. Doch dann war er überwältigt von der liebevollen Geste der unbekümmerten Frau, die Böses mit Gutem vergalt. Er verbot seiner Frau fortan nicht mehr den Besuch der Bibelstunde im Elendstal, sondern begleitete sie sogar eines Tages selbst dorthin.

Über einen Anarchisten, der an den oben berichteten Attentaten beteiligt und nach längerem Aufenthalt in Amerika wieder nach Elberfeld zurückgekehrt war, berichtet Wilhelm Busch:

»Als er sich lange Jahre nachher sicher glaubte, kam er wieder nach Deutschland zurück und nahm seine Wohnung wieder am Arrenberg. Es war die Zeit, in der ein Arbeiter einmal der Tante Hanna die verblüffende Mitteilung machte, die Wissenschaft habe jetzt gefunden, daß die menschliche Seele nichts weiter sei als ein erbsengroßes, schwarzes Körperchen, das in der Magengegend seinen Sitz habe. Es war die Zeit, in der ein großer Teil der Arbeiterschaft unter dem Druck der Sozialdemokratie schon anfing, dem Glauben der Bibel mit Entschiedenheit und Bewußtsein den Rücken zu kehren. Der oben genannte Anarchist war der Schlimmsten einer. Er wirkte mit unheimlichem, glühendem Fanatismus für die Ziele der Sozialdemokratie. Es war ihm eine teuflische Lust, auch in andern, namentlich in den jungen Seelen den letzten Rest von Gottesfurcht und Liebe zu Gottes Wort und zum Heiland zu zerstören. Er hatte sich nicht entblödet, das herrliche Lied ›Jesus meine Zuversicht‹ etc. in der abscheulichsten, gemeinsten Weise zu verhöhnen, noch dazu in öffentlicher Versammlung.

Dieser Mann wurde schwer krank. Tante Hanna hörte von seiner Krankheit, und es war ihr eine ausgemachte Sache, daß sie ihn besuchen müsse. Sie macht sich auf und geht zu ihm. Sie suchte nun nichts zu tun, als ihm auf mancherlei Art Liebe zu erweisen. Sie diente ihm, wo sie konnte, sprach von religiösen Dingen kein Wort, hörte ihm wohl ganz geduldig zu, wenn er lang und breit von den Wundern der neuen Welt sprach. Sie wartete. Noch war die rechte Zeit nicht gekommen. Einmal fragte er sie mit eigentümlichem Gesichtsausdruck: ›Frau Faust, was halten Sie eigentlich von der menschlichen Seele?‹ Sie läßt sich gar nicht auf einen Disput ein. Ihre einfache Antwort lautet: ›Das müssen Sie als erfahrener Mann viel besser wissen als ich, die ich doch nur eine unwissende Frau bin.‹ Wochen vergehen. Tante Hanna kommt immer und immer wieder. Endlich hört sie ihn laut aufstöhnen und schreien: ›Warum tut Ihr das alles an mir? O Gott, o Gott!‹ ›Wie‹, sagt Tante Hanna, ›Ihr glaubt, daß es einen Gott gibt! Bisher habt Ihr doch immer das Gegenteil behauptet.‹ – ›Doch, doch, es gibt einen Gott! Oh, schreckliche Ewigkeit!‹ – ›Steht es so mit Euch, dann kann Euch geholfen werden. Hier ist eine Bibel, lest einmal Lukas 15!‹ Nun ging Tante Hanna und freute sich, daß der Geist Gottes angefangen hatte, an dem armen Menschen zu wirken. In den nächsten Tagen war es ihr ein unaufhörliches Gebetsanliegen, Gott möge doch auch diesem verlorenen Sohne zum Frieden und zur Heimkehr verhelfen.

Nach einigen Tagen kommt sie wieder hin. Sie sieht am Bette die aufgeschlagene Bibel liegen. ›Habt Ihr die Geschichte von dem verlorenen Sohn gelesen?‹

›Jawohl, die ist recht schön, aber für mich gibt es keine Rettung mehr!‹ Und dann brachs aus seinem Herzen und aus seinem Munde hervor in Tönen der schrecklichsten Verzweiflung und in immerwährender Wiederholung: ›Oh, Gott! Oh, schreckliche Ewigkeit!‹

›Es gibt doch noch Gnade!‹ ruft ihm Tante Hanna zu.

›Gnade?! Wenn Sie wüßten, was ich für ein Mensch bin, wie ich andere verführt und vom Glauben abgebracht habe, dann würden Sie nicht mehr sagen, daß es noch Gnade gibt. Oh, ich muß Ihnen meine Schandtaten bekennen.‹

›Nein, nein,‹ wehrt Tante Hanne in weiblichem Zartgefühl, ›Nicht mir! Schicken Sie zu einem Pastor.‹

›Von den Pfaffen will ich nichts wissen, aber helfen Sie mir doch! Da drinnen brennt's wie höllisches Feuer. Oh, Gott! Oh, schreckliche Ewigkeit.‹

Tante Hanna weiß bei dem schrecklichen Jammer nichts anderes zu tun, als zu der Frau zu sagen: ›Wir wollen beten‹.

Und die beiden Frauen knien nieder, und Frau Faust fleht in heißem Ringen zum Herrn. Er möge doch diese gebundene Seele durch die Kraft seines teuer vergossenen Blutes freimachen. ›Jesus ist Sieger!‹ ruft sie ihm ermunternd zu und ermahnt ihn noch einmal, doch rückhaltlos vor einem Geistlichen ein Bekenntnis seiner Sünden abzulegen. Es war in den Tagen nachher ein furchtbarer Kampf zwischen Licht und Finsternis in dem Herzen des armen Mannes. Bis über die Straße tönte das Angstgeschrei, bis hinein in das gegenüberliegende Wirtshaus in die Ohren der ›Genossen‹.

Endlich kam seine Frau zu Tante Hanna und bat sie, sie möge doch zu ihrem Manne einen Geistlichen schicken. Aber um der umher wohnenden Parteigenossen willen, die alle auf diesen seltsamen Fall aufmerksam geworden waren und mit gespannter Aufmerksamkeit die Entwickelung der ganzen Sache beobachteten, ging Tante Hanna nicht auf diese Bitte ein. ›Nein, schickt Ihr selbst zum Geistlichen‹, gab sie der Frau zur Antwort, ›Ihr habt ja Kinder, die Ihr schicken könnt.‹ Und das taten die Leute wirklich, sie schickten ein Kind zum Pastor, er möge möglichst bald den Kranken besuchen.

Ein treuer Zeuge des Evangeliums tritt an sein Lager. Der Kranke schüttet sein ganzes Herz aus und darf nun mit begierigem Herzen der herrlichen Botschaft des Evangeliums lauschen von dem Heiland, der sich aller erbarmen will. – Es kam bei dem Mann zu einem lebendigen Glauben. Mit seinen Genossen will er nichts mehr zu tun haben. Den wenigen, die ihn noch besuchen, bekannte er's offen und ehrlich: ›Ihr habt mich und andere nur belogen und betrogen. Was mir Frau Faust gebracht, das hat mir Heil und Frieden gegeben.‹ Und als er sein letztes Stündlein herannahen fühlte, da sagte er der mütterlichen Freundin, die an seinem Bette stand: ›Die Gesellschaft hat mich ausgestoßen, aber der Heiland hat mich begnadigt. Ich bin frei!‹ Das war wie ein Jubelruf kurz vor dem Abscheiden.

Als er begraben werden sollte, begleitete Frau Faust den Geistlichen zum Friedhofe. Unter starkem Polizeiaufgebot fand das Begräbnis statt, denn mehr als tausend ›Genossen‹ geleiteten den Verstorbenen zu Grabe. Am Grabe durfte der Pastor allen erzählen, was der Herr an dem Manne getan habe, wie der, der die Starken zum Raube haben will, auch sein Herz gebrochen habe, daß er auch an nichts mehr als an der Gnade seines Heilandes genüge gehabt habe.«

Die soziale Tätigkeit, die Johanna Faust in Verbindung mit vielen anderen Frauen und Männern der Gemeinde ausübte, zeigt, daß innerhalb der evangelischen Kirche auch damals sozial verantwortungsbewußte Persönlichkeiten wirkten, die sich in mitleidender Liebe für die sozial Entrechteten einsetzten. Sie fand einen gangbaren Mittelweg zwischen freier gemeindlicher Vereinsarbeit und amtskirchlicher Bindung. Ihr war es geschenkt, den Weg zu den Herzen der Arbeiter und ihrer Angehörigen zu finden. Sie leistete auf ihre stille und unaufdringliche Weise wirkliche volksmissionarische Arbeit an vorderster Front zu einer Zeit, als Massenzuwanderung, Wohnungsnot, Entsittlichung und atheistische Propaganda die Menschen der Kirche mehr und mehr entfremdeten.

Man kann ihre Arbeit im Sinne der Inneren Mission durchaus als »christlich-sozial« bezeichnen. Der christlich-sozialen Bewegung in der zweiten Hälfte des 19. Jahrhunderts ging es in scharfer Abgrenzung vom radikalen atheistischen Sozialismus darum, das Evangelium in alle Bevölkerungskreise und -schichten hineinzutragen und verwaisten Kindern und gefährdeten Jugendlichen, Gefangenen,

Prostituierten, Spielern, Trinkern, Nichtseßhaften, Schwachsinnigen und Epileptikern, um die sich damals die selbsternannten Weltverbesserer nicht kümmerten, soziale Geborgenheit, materielle Sicherheit, geistlichen und sittlichen Halt und neue Lebenszuversicht zu vermitteln.

Seit Wicherns Rede auf dem Wittenberger Kirchentag war die Frage nach dem Verhältnis des Christentums zur »sozialen Frage« nicht verstummt. Politisiert wurde die christlich-soziale Bewegung durch den Hof- und Domprediger Adolf Stöcker (1835-1909). Er gründete am 5. Januar 1878 die Christlich-Soziale Arbeiterpartei mit dem Ziel, die Arbeiterschaft für Kirche und Monarchie zu gewinnen. Er forderte eine staatliche Sozialpolitik, durch die insbesondere die soziale und wirtschaftliche Lage der Fabrik- und Landarbeiter verbessert werden sollte. Als politischer Führer bediente er sich allerdings wie seine Gegner der Parteibildung als eines Mittels zum politischen Machtkampf, das ihn gnadenlos in den Parteienzwist hineintrieb. Er wirkte in so widersprüchlichen Rollen wie denen des Leiters der Berliner Stadtmission, eines Predigers, Parteipolitikers, Reichstagsabgeordneten und mitreißenden Versammlungsredners. Es blieb nicht aus, daß er nach und nach in Widerspruch zu seinen Vorgesetzten in Kirche und Staat geriet. Die Monarchie galt ihm als gottgewollte Ordnung, die keiner demokratischen Legitimation bedurfte. Und doch zog er sich die Feindschaft Bismarcks und die Abneigung Kaiser Wilhelms II. zu. Es gehört zu Stöckers persönlicher Tragik, daß ihn gerade diejenigen staatlichen Stellen, denen er treu und mit ganzer Leidenschaft diente, am Ende zu Fall brachten und ihn aus dem Amt des Hofpredigers entfernten.

Sowohl Wichern als auch Stöcker haben das Denken und Handeln vieler Christen im Wuppertal geprägt. Stöcker hielt sich allein dreizehnmal zu Predigten und Vorträgen in Elberfeld und Barmen auf. Seine Ansprachen erfreuten sich einer großen Hörerschaft. So waren nach einem Polizeibericht am 19. Februar 1891 annähernd dreitausend Personen, meistens Frauen, bei einer seiner Reden im Evangelischen Jünglingshaus Elberfeld anwesend. Noch 1903 mußte Wilhelm Gewehr, Redakteur der in Elberfeld erscheinenden sozialdemokratischen Zeitung »Freie Presse«, zugeben, daß »dank der Agitation der politisierenden Geistlichen, wenigstens in vielen Wahlkreisen, noch Tausende Arbeiter den christlichen Parteien mit dem Stimmzettel in der Hand Heeresfolge leisten«.

Der *Evangelische Arbeiterverein Elberfeld* verstand sich ebenfalls als evangelisch-soziale Kampforganisation gegen die Sozialdemokratie. Den Anstoß zu seiner Gründung im Jahre 1885 gaben die Reichstagswahlkämpfe 1881 und 1884, bei denen die Sozialdemokraten unter der Führung Hasselmanns hohe Stimmengewinne für sich verbuchen konnten. Der Evangelische Arbeiterverein verfolgte nicht nur den Zweck, unter den Arbeitern das evangelische Bewußtsein zu wecken und zu pflegen, sondern gleichzeitig eine sittliche Erneuerung und allgemeine Bildung seiner Mitglieder zu fördern. Außerdem unterstützte er mit finanziellen Mitteln seine Mitglieder und deren Angehörige in Krankheits- und Todesfällen.

1898 gehörten dem Evangelischen Arbeiterverein Elberfeld 625 Mitglieder und weitere 120 »Arbeiterfreunde« an. Zu den letzteren zählten Pfarrer, Unternehmer, Stadtverordnete, Lehrer und andere. Viele Freunde von Johanna Faust waren Anhänger der evangelisch-sozialen Bewegung. Allerdings ist gerade Johanna Faust ein Beweis dafür, daß christlich-soziale Arbeit nicht durch Parteiorganisationen, Propaganda und Massenbeeinflussung verwirklicht werden kann, sondern daß dazu solche Persönlichkeiten erforderlich sind, die sich nicht in den Parteienkampf hineinziehen, sondern sich von Gott an den Platz stellen lassen, an den er sie beruft.

Johanna Faust als Mittelpunkt der Gemeinschaft

Johanna Faust war keine Einzelkämpferin. Sie stand vielmehr im Schnittpunkt vieler kirchlicher Kreise, mit deren Beistand sie am Arrenberg und im Elendstal rechnen durfte. In der Rückschau treten insbesondere die folgenden Gemeinden, Vereine, Gesellschaften und Gruppen hervor, mit deren führenden Repräsentanten sie in regem geistlichem Austausch stand:

- Evangelische Gesellschaft für Deutschland
- Evangelisch-Lutherische Gemeinde Elberfeld
- Evangelisch-Reformierte Gemeinde Elberfeld
- Evangelisch-Reformierte Gemeinde Barmen-Gemarke
- Vereinigt-Evangelische Gemeinde Unterbarmen
- Rheinische Missionsgesellschaft
- Bergische Bibelgesellschaft
- Elberfeld-Barmer Gefängnisgesellschaft
- Freie Evangelische Gemeinde Barmen-Elberfeld
- Jünglingsvereine und -bünde
- Jungfrauenvereine
- Rheinischer Provinzialausschuß für Innere Mission
- Evangelischer Arbeiterverein
- Blaukreuz-Vereine
- Evangelistenschule Johanneum Barmen
- Sonntagsschulen
- Erziehungsvereine in Neukirchen und Elberfeld
- Lutherisches Rettungshaus.

Johanna Faust empfing aber nicht nur geschwisterliche Hilfe, sondern ließ ihrerseits in überreichem Maße andere an den ihr von Gott verliehenen Gaben teilhaben. Von ihr gingen ungezählte Impulse aus, die das geistliche Leben der Gemeinden im Bergischen Land erneuerten. Sie hat nicht nur den Menschen, die dem Worte Gottes ablehnend oder feindselig gegenüberstanden, sondern auch angehenden Pastoren und Lehrern, Kaufleuten und Handwerkern den Weg zum Heil in Jesus Christus gewiesen.

In ihrer Person vereinigte sie in glaubwürdiger Weise die vielfältigen Bestrebungen der deutschen Erweckungsbewegung des 19. Jahrhunderts. Durch sie wurde das Elendstal zum Kraftzentrum einer geistlichen Erneuerungsbewegung, das weit in alle deutschen Landesteile ausstrahlte.

Blickt man auf das vielgestaltige soziale Netzwerk evangelischer Gemeinden, Vereine, Gesellschaften und überregionaler Bünde, die seit den siebziger Jahren des vorigen Jahrhunderts in enger Verbindung zum Elendstal standen, dann wird deutlich, welch eine herausgehobene Position Johanna Faust innerhalb des weit verzweigten volksmissionarischen Gesamtsystems innehatte. Die für sie und ihr Werk wichtigsten Persönlichkeiten werden nachfolgend in alphabetischer Reihenfolge aufgeführt. Die Kurzbiographien geben Aufschluß über den sozialen Verkehrskreis, in welchem Tante Hanna von Jugend auf gelebt und gewirkt hat. Der größte Kreis der Menschen freilich, die ihr jahrzehntelang hilfreich zur Hand gingen oder denen ihre aufopferungsvolle Hingabe galt, bestand aus unzähligen Frauen und Männern jeden Alters und Standes, deren Namen heute niemand mehr kennt.

Christian Gottlob Friedrich *Barner* war von 1855-1896 Pastor der lutherischen Gemeinde in Elberfeld. Er wurde am 6. Juli 1826 in Korntal bei Stuttgart geboren. Er starb am 19. November 1902 in Elberfeld. Im Jahre 1859/60 gründete er das lutherische Rettungshaus und leitete als Vorsitzender des Kuratoriums dessen Geschäfte bis zu seinem Tod. Von 1858-1867 war er Schriftleiter des Kirchlichen Anzeigers; dem Elberfelder Hilfsverein der Rheinischen Missionsgesellschaft und dem Elberfelder Kollektenverein gehörte er als Mitglied an. Er gehörte zu den engsten Vertrauten der Tante Hanna. Bei Wilhelm Busch heißt es über ihn:

»Barner war ein Kind der schwäbischen Gemeinschaft. Zu seiner natürlichen Gabe kam das reiche Erbe, das er aus dem frommen Elternhause in Korntal und den Kreisen des schwäbischen Pietismus mit seinem Bibelchristentum mitbekommen hatte. In unser aller Erinnerung, namentlich bei seinen Schülern ist es unvergessen, wie er in die Schrift hineingriff und in heiligem Feuer schöpfte und schöpf-

Pastor Christian Gottlieb Friedrich Barner, Gründer des Rettungshauses

te, daß die Herzen weit wurden über dem Reichtum des göttlichen Wortes. Er hat der Arrenberger Gemeinschaft lange Jahre gedient, und die Brüder, die mit ihm unter Gottes Wort sitzen durften, werden die Segenseindrücke und Erquickungen, die sie durch ihn empfangen durften, unauslöschlich im Herzen tragen. Noch nach seinem Rücktritt aus dem Amt im Jahre 1896 hat der selige Pastor Barner der Gemeinschaft einige Jahre gedient, bis ihn dann das hereinbrechende Alter und leibliche Schwachheit nötigten, sich ganz in die Stille zu begeben, zum großen Schmerz seiner Freunde.«

Wilhelm *Boeddinghaus* kam am 11. Juli 1802 in (Remscheid-)Lüttringhausen zur Welt. Im Jahre 1826 gründete er mit seinem Bruder Friedrich (1797-1850) in Elberfeld die Textilfabrik »Gebrüder Boed-

Wilhelm Boeddinghaus, Mitglied des Kuratoriums für das Elberfelder Rettungshaus und Förderer des Zufluchtshauses

dinghaus«, später »W. Boeddinghaus & Cie.«. Das Unternehmen stellte unter anderem Futterstoffe aus Baumwolle und Wolle (»Zanella«) her. 1845 führte er als Scholarch der lutherischen Gemeinde Elberfeld die Aufsicht über das gemeindliche Schulwesen. Zwischen 1850 und 1865 war er Presbyter und Kirchmeister seiner Gemeinde. Mit Christian Gottlob Barner gehörte er dem Kuratorium des lutherischen Rettungshauses an. In der Handelskammer von Elberfeld und Barmen hatte er von 1852 bis 1871 Sitz und Stimme. Von 1852 bis 1865 war er mit einer kurzen Unterbrechung Mitglied der Stadtverordnetenversammlung von Elberfeld. 1873 wurde er zum Königlich-Preußischen Kommerzienrat ernannt. 1874 schenkte er der lutherischen Gemeinde den Bauplatz für die Trinitatiskirche am Arrenberg und förderte mit einer Spende von 36.000 Mark den Bau der Kirche. Johanna Faust fand bei ihm stets ein offenes Ohr für ihre Elendstaler Unternehmungen. Er war selbst öfter Gast auf dem Kiesberg. Das Elberfeld-Barmer Zufluchtshaus, das von Karl Heinersdorff für strafentlassene Frauen Ende der achtziger Jahre gegründet wurde, erfreute sich seiner besonderen Förderung. Er starb vierundneunzigjährig auf seinem Sommersitz »Neanderhöhe« in Hochdahl am 30. August 1896.

Heinrich *Bramesfeld* war Architekt und leitete 1872 den Bau der Elendstaler Kapelle sowie zwischen 1876 und 1878 den der Trinitatiskirche in Elberfeld. 1871 war er Provisor (Armenpfleger) der lutherischen Gemeinde Elberfeld.

Wilhelm *Busch* (II.) kam in den letzten Lebensjahren der Tante

Pfarrer Dr. Wilhelm Busch

Hanna als junger Pastor an die lutherische Gemeinde Elberfeld (1897-1906). Er wurde am 3. Juni 1868 in Elberfeld als Sohn des Hausvaters des lutherischen Rettungshauses Wilhelm Busch (I.) und seiner dritten Ehefrau Lydia, geborene Arnold, aus Riehen bei Basel, geboren. In Elberfeld und in Lörrach besuchte er das Gymnasium, studierte von 1886 bis 1890 in Basel, Halle, Greifswald und Heidelberg Theologie, promovierte 1891 in Erlangen zum Doktor der Philosophie und war 1893-1894 Hilfsprediger der Vereinigt-Evangelischen Gemeinde Unterbarmen. Seine erste Pfarrstelle erhielt er in Dahlerau, am Oberlauf der Wupper. Nach seinem Fortgang aus Elberfeld war er von 1906-1921 Pastor der lutherischen Gemeinde Frankfurt am Main. Während seiner Elberfelder Zeit war er Vorsitzender des Evangelischen Arbeitervereins sowie des Hombücheler Jünglingsvereins und Mitbegründer des Evangelischen Vereinshauses Katernberg. Von ihm stammt die erste Biographie der Johanna Faust: »Tante Hanna. Ein Wuppertaler Original aus neuester Zeit«. Elberfeld 1904. Er starb am Reformationstag 1921 in Frankfurt am Main.

Friedrich *Coerper* wurde am 10. Mai 1847 in Meisenheim am Glan geboren und studierte in Erlangen, Tübingen, Bonn und Utrecht Theologie. Im Rauhen Haus in Hamburg-Horn lernte er in den Jahren 1864-1871 Johann Hinrich Wichern und dessen sozialpädagogische Arbeit im Sinne der Inneren Mission kennen. Nach zweijährigem Vikariat in Boppard wurde er zunächst Pfarrverwalter, dann Pfarrer der Gemeinde Köln-Ehrenfeld. 1885 berief ihn die Evangelische Gesellschaft für Deutschland in Elberfeld zum Inspektor. Am Tage der Einweihung der Unterbarmer Christuskirche, am 10. November 1887, wurde er als neuer Pfarrer der Unterbarmer Gemeinde vorgestellt. Seine vielfältigen volksmissionarischen Tätigkeiten brachten ihn oft mit Johanna Faust zusammen. Er selbst gründete in Unterbarmen den Männer- und Jünglingsverein sowie einen Jungfrauen-, Missions- und Blaukreuzverein. Von 1893-1924 war er Vorstandsmitglied der Evangelistenschule Johanneum in Barmen. Nach dem Tode von Johanna Faust führte er bis zu seinem Tod am 12. November 1924 die Elendstaler Arbeit fort.

Ernst *Dahm* war von Beruf Gärtner. Er war Mitglied des Evangelischen Arbeitervereins, Vorstandsmitglied des Freikonservativen

Vereins und von 1894-1910 Stadtverordneter in Elberfeld. 1893 war er Elberfeld-Barmer Kandidat für den Reichstag, unterlag aber dem sozialdemokratischen Kandidaten Harm mit 46,3 % (gegenüber 52,0 %) der abgegebenen Stimmen. Er gehörte der lutherischen Gemeinde in Elberfeld an und war nach 1901 Mitglied des Presbyteriums seiner Gemeinde. Zwischen ihm und Wilhelm Busch (II.) bestand ein Vertrauensverhältnis, das auf gleichen religiös-sozialen Überzeugungen beruhte.

Hermann *Dannert* wurde am 6. Juli 1862 in Voerde/Westf. geboren. Er gehörte der Bruderschaft des in Bonn gegründeten Johanneum-Verbandes an, der sich alljährlich im Elendstal zu einem evangelistischen Jahresfest versammelte. Ende der achtziger Jahre des vorigen Jahrhunderts leitete er einen Elberfelder Jünglingsverein, durch den er in enge Verbindung mit Johanna Faust trat. 1899 war er Evangelist des Johanneum-Verbandes in Barmen. 1914 wurde er zum Inspektor des Neukirchener Erziehungsvereins berufen. Er ist Verfasser eines Gedenkartikels für Johanna Faust. Er starb am 11. Februar 1936.

Caroline *Döring* (geboren 1809), Ehefrau des lutherischen Pfarrers Karl August Döring (1783-1844), war eine Tochter des Altenaer Pfarrers August Christian Ernst Rauschenbusch (1777-1840), Feldprediger der Bergischen Brigade (1808). Bald nach Einrichtung des Elberfelder Arresthauses (1834) wurde sie Mitglied der Elberfeld-Barmer Gefängnisgesellschaft und widmete sich dem Besuchsdienst für inhaftierte Frauen in der Alten Stadtwaage. 1868 gründete sie den evangelisch-lutherischen Frauenverein für Armen- und Krankenpflege. Gemeinsam mit Johanna Faust war sie von 1882-1894 Mitglied des von Karl Heinersdorff geleiteten »Elberfeld-Barmer Vereins zur Hebung der Sittlichkeit und zur Erhaltung des Vorasyls«. Fünfundachtzigjährig starb sie 1894 nach fünfzigjährigem Witwenstand in Elberfeld.

Friedrich Wilhelm Paul Ludwig *Feldner* kam am 11. Juni 1805 in Liegnitz zur Welt. 1832 wurde er Pfarrer der evangelischen Gemeinde Schreiberhau in Schlesien am Fuße des Riesengebirges. Wegen der gegen ihn gerichteten feindseligen Angriffe seiner rationalistisch gesonnenen Amtsbrüder sowie des Superintendenten kam es zu langjährigen, zermürbenden Auseinandersetzungen in seiner Gemeinde.

Feldner löste durch Predigt und Seelsorge in seiner Gemeinde eine Erweckungsbewegung aus, kämpfte gegen Alkoholismus und Sittenlosigkeit, nahm sich der Armen, Kranken und Waisen an und warb für die Arbeit der äußeren Mission. 1839 wurde er Prediger am Zuchthaus in Jauer (Niederschlesien), drei Jahre später Pfarrer in Rohrbeck. 1847 wählte ihn die lutherische Gemeinde Elberfeld zu ihrem Pfarrer. Im Revolutionsjahr 1848 gründete er am 25. August in Elberfeld die Evangelische Gesellschaft für Deutschland. 1849 zählte er zu den Mitbegründern des Rheinischen Provinzialausschusses für Innere Mission. Von 1847-1856 war er Vorsitzender des Elberfeld-Barmer Asylvereins, 1853-1856 Leiter des »Asyls für weibliche entlassene und gefallene Mädchen«. Er gehörte der Deputation der Rheinischen Missionsgesellschaft an und war maßgeblich an der Leitung der Rheinischen Enthaltsamkeitsbewegung sowie des Rheinisch-Westfälischen Jünglingsbundes beteiligt. Auf Grund unterschiedlicher Auffassungen über die konfessionelle Bedeutung des Luthertums in seiner Gemeinde trat Feldner mit zahlreichen Gemeindegliedern zur altlutherischen Kirche über und gründete 1858 in Elberfeld die evangelisch-lutherische Sankt Petri-Gemeinde. Noch in hohem Alter ging er als altlutherischer Pfarrer nach Frankfurt am Main, wo er am 12. Januar 1890 starb.

Theodor *Haarbeck* wurde am 11. November 1846 geboren. Von 1883-1890 war er Inspektor der Pilgermission Sankt Chrischona, von 1819-1913 Direktor der Evangelistenschule Johanneum in Barmen. Von 1911-1919 leitete er als Vorsitzender den Gnadauer Verband. Er nahm auf die Gemeinschaftsbewegung durch die Erziehung und Ausbildung ihrer Prediger großen Einfluß. Er galt als Gegner der schwärmerischen Pfingstbewegung innerhalb der Gemeinschaftsbewegung. Die evangelisch-theologische Fakultät der Universität Bonn verlieh ihm 1919 die Ehrendoktorwürde. Er starb am 3. Dezember 1923. Durch die Johanneumsfeste im Elendstal stand er in Verbindung mit Johanna Faust.

Jakob *Haarbeck*, der jüngste Bruder von Theodor Haarbeck, wurde am 21. Oktober 1861 in Neukirchen geboren. Er war Herausgeber des »Neukirchener Hausfreundes« und Förderer des Neukirchener Erziehungsvereins. 1893 wurde er als Pastor der reformierten Gemeinde nach Elberfeld berufen. Von 1899-1907 gehörte er dem

Pastor Jakob Haarbeck

Vorstand der Evangelischen Gesellschaft für Deutschland an. Mit
Johanna Faust stand er als häufiger Besucher des Elendstals und als
Festprediger in enger Verbindung. Er starb am 9. Juli 1951 in Wuppertal. Sein Sohn, der emeritierte Unterbarmer Pfarrer Dr. Gustav
Haarbeck, berichtet noch heute in hohem Alter von den Eindrük-
ken, die er als kleines Kind an der Hand seines Vaters im Elendstal
empfangen hat.

Karl *Heinersdorff* wurde am 24. März 1836 in Moltheinen (Ost-
preußen) im Kreis Gerdauen als Sohn jüdischer Eltern, die zum
evangelischen Bekenntnis übergetreten waren, geboren. Sein Vater
war evangelischer Pfarrer. Nach seinem Theologiestudium in Königsberg und Berlin wurde er Prediger am Landgerichtsgefängnis in
Königsberg. Von 1864-1877 war er Pfarrer in Groß-Schönau (Kreis
Gerdauen). 1877 berief ihn die Rheinisch-Westfälische Gefängnisge-

sellschaft als Prediger an die Gefängnisse in Dortmund und Schwelm. Danach war er von 1879-1901 Pfarrer an der Strafanstalt in Elberfeld. In diesem Amt hat er sich in außergewöhnlichem Maße der Wiedereingliederung Strafentlassener, insbesondere der Frauen, gewidmet: von 1881-1888 war er Vorsitzender des Elberfeld-Barmer Asylvereins; 1882 gründete er den Elberfeld-Barmer Verein zur Hebung der Sittlichkeit und zur Erhaltung des Vorasyls und leitete diesen bis 1907. Von 1891-1907 stand er dem von ihm gegründeten Zufluchtshaus in Elberfeld vor. Aus ihm ging die Bergische Diakonie Aprath hervor. Er war Vorsitzender der Deutschen Evangelischen Asylkonferenz, Mitglied des Bundeskomitees des Westdeutschen Jünglingsvereins und Vorstandsmitglied des Rheinischen Provinzialausschusses für Innere Mission. Mit Johanna Faust, die seine Arbeit durch ihre Besuchsdienste im Gefängnis und an straffälligen Frauen unterstützte, pflegte er einen regen Gedankenaustausch. Er gehörte außerdem zu ihrem Kreis der Kaffee-Kunden. Er starb am 1. Mai 1914 in Elberfeld.

Daniel *Hermann* wurde am 7. November 1835 in Elberfeld geboren. Von 1853-1880 war er Handlungsgehilfe in der Seidenfabrik Gebrüder Hermann. Er war Mitbegründer des Christlichen Vereins junger Kaufleute (1855), des Rheinisch-Westfälischen Sonntagsschulverbandes (1873-1887), Gründer des Elberfelder Erziehungsvereins (1869-1887) und jahrzehntelang Leiter des Knabenvereins an der Elberfelder Bergstraße. Er gehörte als Mitglied dem Vorstand des Elberfelder Erziehungsvereins, der Bergischen Bibelgesellschaft und der Rheinischen Missionsgesellschaft an. Beim ersten gemeinsamen Fest der »Vereinigten Jünglingsbündnisse Deutschlands« am Hermanns-Denkmal bei Detmold hielt er am 24. September 1882 eine Rede. Dem »Elberfelder System« der ehrenamtlichen kommunalen Armenpflege diente er von 1872 bis zu seinem Tode am 26. Juni 1887. Auf Bitten von Johanna Faust hielt er öfter evangelistische Ansprachen in der Elendstaler Kapelle.

Johannes *Hörnemann* wurde am 31. August 1835 in Rumeln, Kreis Moers geboren. Von 1863-1869 war er Pfarrer in Homberg bei Ratingen, von 1864-1880 in Repelen bei Moers und von 1880 bis zu seinem Tode am 20. April 1893 in der reformierten Gemeinde Elberfeld. Seit 1878 war er Vorstandsmitglied des Neukirchener Erzie-

Daniel Hermann

hungsvereins und von 1885-1893 Vorsitzender des Elberfelder Missionshilfsvereins. Der Evangelischen Gesellschaft für Deutschland gehörte er lange Jahre als Vorstandsmitglied an. Johanna Faust lud. ihn öfter als Festprediger ins Elendstal ein.

Adolf *Jäger* wurde am 21. November 1832 in Elberfeld geboren. Nach seinem juristischen Studium war er von 1854-1863 Assessor am Landgericht in Elberfeld. Von 1853-1873 war er Erster Beigeordneter und von 1873-1899 Oberbürgermeister der Stadt Elberfeld. Er starb am 8. Juni 1899 in Elberfeld. Adolf Jäger unterstützte die Arbeit von Johanna Faust auf vielfältige Weise.

Eduard *Keeser* wurde am 16. September 1861 im württembergischen Billingsbach geboren. Sein Weg führte ihn über die Berliner

Stadtmission (1888/89) und den Reisepredigerdienst der Evangelischen Gesellschaft für Deutschland in Stuttgart (1889/90) 1890 als Pastor in die lutherische Gemeinde nach Elberfeld, der er dreizehn Jahre lang als Seelsorger diente. Er war Vorstandsmitglied der Evangelischen Gesellschaft für Deutschland und der Evangelistenschule Johanneum in Barmen und leitete den Evangelischen Jünglingsverein in der Elberfelder Südstadt. Von 1903-1925 war er Pastor der lutherischen Gemeinde Düsseldorf. Er starb am 21. Oktober 1927 in Aue im Erzgebirge. Er gehörte zum engeren Freundeskreis von Johanna Faust.

Carl *Krafft* wurde am 25. November 1814 in Köln geboren. Von 1844-1856 war er Pastor der reformierten Gemeinde Düsseldorf und von 1856-1884 Pastor der reformierten Gemeinde Elberfeld; er war von 1848 an Vorstandsmitglied der Evangelischen Gesellschaft für

Pastor Carl Krafft

Pastor Hermann Krafft, der Sohn

Deutschland und seit 1891 ihr Ehrenmitglied. 1849 gehörte er zu den
Mitbegründern des Rheinischen Provinzialausschusses für Innere
Mission. Verschiedenen anderen Werken der Inneren Mission diente
er mit seinen reichen geistlichen Gaben. Dem Evangelischen Arbeiterverein trat er als Mitglied bei. 1863 zählte er zu den Mitbegründern und tatkräftigen Förderern des Bergischen Geschichtsvereins.
1883 verliehen ihm die evangelisch-theologische Fakultät der Universität Bonn, die theologische und die philosophische Fakultät der
Universität Marburg die philosophische Ehrendoktorwürde. Am 11.
März 1898 starb er in Elberfeld. Carl Krafft war bei der Einweihungsfeier der Elendstaler Kapelle anwesend und förderte tatkräftig
das Werk der Tante Hanna. Seine Frau gehörte wie Johanna Faust

der Elberfeld-Barmer Gefängnisgesellschaft an und beteiligte sich regelmäßig am Besuchsdienst für gefangene Frauen im Elberfelder Gefängnis.

Sein Sohn, Hermann *Krafft*, wurde am 8. Mai 1861 in Elberfeld geboren. Er studierte in Basel, Leipzig und Bonn Theologie. Nach seiner Hilfspredigerzeit in der reformierten Gemeinde Elberfeld und in der französisch-reformierten Gemeinde in Erlangen (1884-1886) war er Pastor im niederrheinischen Baerl (1886-1892) und danach 39 Jahre Pastor der reformierten Gemeinde Barmen-Gemarke. Seit 1892 war er Vorstandsmitglied der Evangelischen Gesellschaft für Deutschland. Mit dem Elendstal verbanden ihn seine vielfältigen volksmissionarischen Tätigkeiten. Er starb am 28. Januar 1934 in Barmen.

Karl *Krummacher* wurde am 1. Juli 1831 in Langenberg als Sohn des Pfarrers Emil Wilhelm Krummacher (1798-1886) geboren. Von 1863 bis zu seinem Tod am 28. Oktober 1899 war er Pfarrer der reformierten Gemeinde Elberfeld. Von 1869-1891 war er Vorsitzender der Elberfeld-Barmer Gefängnisgesellschaft, von 1877-1886 Vorsitzender des Rheinisch-Westfälischen Jünglingsbundes und von 1886-1889 Bundespräses des Westdeutschen Jünglingsbundes. 1891 wählte ihn die Elberfelder Kreissynode zum Superintendenten. Er gehörte dem Vorstand der Evangelistenschule Johanneum in Barmen sowie dem Elberfelder Kollektenverein an.

Rudolf *Leite* war 1882 Volksschullehrer, 1894 Hauptlehrer und 1898 Rektor in Elberfeld. Mit Johanna Faust trat er als Chorleiter, Schriftführer und Präses des Arrenberger Männer- und Jünglingsvereins in Verbindung. Er war Ehrenmitglied des Evangelischen Arbeitervereins in Elberfeld. Dem »Elberfelder System« der ehrenamtlichen kommunalen Armenpflege diente er als Armenpfleger und Bezirksvorsteher von 1883-1897. Er gehörte als Mitglied dem Christlichen Verein zur Hebung der Sittlichkeit im Wuppertal an. Von ihm stammen zahlreiche Erinnerungen an Johanna Faust, die Wilhelm Busch in seine Biographie aufgenommen hat.

Wilhelm *Meckel* wurde am 1. August 1815 als Sohn von Caspar Wilhelm Meckel in Elberfeld geboren. Gemeinsam mit seinem Bruder betrieb er eine der größten Seidenfabriken Deutschlands, deren Produkte nach Nord-, Mittel- und Südamerika exportiert wurden.

1847 wurde er an Stelle seines Vaters zum Mitglied der Handelskammer von Elberfeld und Barmen gewählt; die Wahl zum Präsidenten lehnte er 1856 ab. Erst fünfzehn Jahre später übernahm er dieses Amt und bekleidete es mit einer kurzen Unterbrechung bis zu seinem Tode am 18. April 1879. 1869 war er Mitbegründer einer »Aktiengesellschaft für Handel in Arbeitsgebieten der Rheinischen Missionsgesellschaft«. Wegen seiner besonderen Verdienste um Wirtschaft und Handel wurde ihm 1878 der Titel eines Geheimen Kommerzienrates verliehen. Seiner reformierten Gemeinde in Elberfeld diente er seit 1858 als Kirchmeister. Dem Bundeskomitee des Rheinisch-Westfälischen Jünglingsverein gehörte er als Mitglied an. Ende der fünfziger Jahre stiftete er das Kapital zum Bau des »Evangelischen Vereinshauses« in Elberfeld. Zum Bau des Elendstals, an dessen Evangelisationsveranstaltungen er regen Anteil nahm, trug er ebenfalls bei.

Leonhard *Müller* wurde am 17. Oktober 1839 als Sohn eines Oberfeuerwerkers in der Bundesfestung Mainz geboren. Nach seiner kaufmännischen Ausbildung besuchte er das Gymnasium in Duisburg und legte dort 1859 die Abiturprüfung ab. Sein Theologiestudium führte ihn nach Bonn und nach Tübingen. 1863 bestand er in Koblenz das Erste theologische Examen mit Auszeichnung. Nach zweieinhalbjährigem Aufenthalt als Hauslehrer in Bern wurde er 1866 Hilfsprediger in Nümbrecht. Am 14. Mai 1868 wählte ihn die reformierte Gemeinde Barmen-Gemarke zu ihrem Pfarrer. Er gehörte dem Vorstand der Evangelischen Gesellschaft für Deutschland an, die ihm schon 1867 die Inspektorstelle angetragen hatte; von 1881-1883 war er ihr Präses. Dem Komitee der Evangelistenschule Johanneum stand er 1893 vor. Auch er pflegte engen Kontakt mit dem Elendstal. Am 27. Juli 1925 starb er auf Schloß Liebeneck bei Osterspay.

Heinrich *Neviandt* wurde am 1. Oktober 1827 in einer Familie hugenottischer Herkunft in Mettmann geboren. An den Universitäten Halle, Bonn und Berlin studierte er evangelische Theologie. Von 1852-1854 war er Hilfsprediger der reformierten Gemeinde Elberfeld, von 1854- 1855 Reiseprediger des im Jahre 1850 gegründeten Evangelischen Brüdervereins. Dieser Verein hatte sich die Aufgabe gestellt, im Geiste der pietistischen Erweckungsbewegung den der

Prediger Heinrich Neviandt

Kirche entfremdeten Menschen das Wort Gottes nahezubringen. Seine »Lehrbrüder« und »Boten« reisten über das Bergische Land hinaus ins Sauer- und Siegerland, ins Märkische, nach Hessen und Nassau bis hin nach Ostfriesland und Holstein. Ein halbes Jahr nach der Gründung der Freien Evangelischen Gemeinde Elberfeld-Barmen am 22. November 1854 wurde Neviandt am 29. April 1855 in seinen Dienst als »Prediger und Lehrer der Gemeine« eingeführt. Von 1870-1901 war er Vorsitzender des Evangelischen Brüdervereins. An den Festveranstaltungen im Elendstal wirkte er oft mit. Er starb am 6. April 1901 in Barmen.

Heinrich *Niemöller*, der Vater des späteren hessen-nassauischen Kirchenpräsidenten Martin Niemöller, wurde am 8. November 1859

116

in Wersen bei Tecklenburg geboren. Nach dreizehnjährigem Pfarrdienst in der großen Mariengemeinde in Lippstadt wurde er im Jahre 1900 an die Trinitatiskirche nach Elberfeld berufen. Hier begegnete er erstmals der fünfundsiebzigjährigen Tante Hanna und ihrem Werk im Elendstal. Ihr Häuschen in der Riemenstraße gehörte zu seinem Pfarrbezirk. Er hielt nach ihrem Tod am 16. Dezember 1903 die Trauerpredigt in der Trinitatiskirche (20. Dezember). Dem Arrenberger Männer- und Jünglingsverein stand er als Leiter vor. Dem Evangelischen Arbeiterverein, der ihn zu seinem Ehrenmitglied erwählt hatte, war er treu verbunden. Als Vorstandsmitglied des Evangelischen Bundes und des Westdeutschen Jünglingsbundes war er ein in allen Landesteilen Deutschlands sehr gefragter Prediger. Er starb am 23. März 1941 in Elberfeld.

Emil *Ohly* wurde am 13. November 1830 im hessen-nassauischen Niedermeilingen geboren. Vor seiner Berufung an die lutherische Gemeinde Elberfeld im Jahre 1882 war er fünfundzwanzig Jahre Pfarrer im Bereich der hessen-nassauischen Kirche. Während seiner nur sechs Jahre währenden Elberfelder Amtszeit war er Präses der Evangelischen Gesellschaft für Deutschland, Deputationsmitglied der Rheinischen Missionsgesellschaft und Mitglied des Elberfelder Kollektenvereins. Seine vielfältigen volksmissionarischen Tätigkeiten brachten ihn mit Johanna Faust und ihrer Arbeit zusammen. Er starb am 27. März 1888 in Elberfeld.

Sein Sohn Karl *Ohly* wurde am 8. August 1860 in Haiger geboren. Bevor er seinem Vater im Jahre 1888 im Pfarramt der lutherischen Gemeinde Elberfeld folgte, war er Hilfsprediger der lutherischen Gemeinde Höchst und Elberfeld. Während seiner elfjährigen Amtszeit an der Trinitatiskirche leitete er die Sonntagsschule sowie den Arrenberger Männer- und Jünglingsverein. Er war Amtsvorgänger von Heinrich Niemöller. Der Rheinischen Missionsgesellschaft und der Evangelischen Gesellschaft für Deutschland war er eng verbunden. Er unterstützte mit hohem persönlichen Einsatz die Arbeit von Johanna Faust und hielt zahlreiche Predigten und Andachten im Elendstal. Von 1899-1913 war er Hof- und Domprediger in Berlin sowie Leiter der Berliner Stadtmission; von 1913-1918 war er Generalsuperintendent von Hessen und Nassau. Von ihm stammt eine ausführliche Würdigung von Johanna Faust, die Wilhelm Busch in seiner Biographie verarbeitet hat. Er starb am 28. Februar 1919 in Nassau an der Lahn.

Heinrich Wilhelm *Rinck* wurde am 25. September 1822 in Bischoffingen am Fuße des Kaiserstuhls geboren. Von 1855 bis zu seinem Tode am 8. Januar 1881 war er Pfarrer der lutherischen Gemeinde Elberfeld. Während seiner Amtszeit wurde die Trinitatiskirche am Arrenberg (1876-1878) gebaut. Von 1856-1881 leitete er den Elberfeld-Barmer Asylverein, er war mehr als zwanzig Jahre Vorstandsmitglied der Bergischen Bibelgesellschaft, stand der Evangelischen Gesellschaft für Deutschland von 1858 bis zu seinem Tode als Präses vor, war Deputationsmitglied der Rheinischen Missionsgesellschaft und gehörte von 1858-1880 als Vorstandsmitglied dem lutherischen Rettungshaus in Elberfeld an. Über das besondere Verhältnis von Rinck zu Johanna Faust schreibt Wilhelm Busch:

»Pastor Rinck hatte sich schon in seiner badischen Heimat bewährt als ein treuer Zeuge, der unbekümmert um den Beifall der Menge seinen Weg ging, den er vor Gottes Angesicht als recht und gut erkannt hatte. Sein ganzer Weg hatte ihn zu den Gemeinschaftskreisen hingeführt. Nun war er der Mann, den Frau Faust in den Gemeinschaftskreis im Elendstal und am Arrenberg einführte, und er hat diesem Kreise mit seiner Gabe der Schriftauslegung reichlich und treulich gedient. Und wenn Pastor Rinck in unser aller Herzen fortlebt als ein Mann, der es meisterlich verstand, den Heiland groß und lieb zu machen, so wissen es besonders die Brüder am Arrenberg, die aus jener Zeit der ersten Liebe noch übrig geblieben sind, recht wohl zu würdigen, was sie an diesem teuren Knechte Gottes gehabt haben, der so brüderlich in ihrer Mitte war. Er war es, der die Arrenberger Bibelbesprechstunde, die Frauengemeinschaft, das Freundesfest begründen half, alles Einrichtungen, die heute noch in großem Segen fortbestehen. Viel Segen ist ausgegangen von der Bibelbesprechstunde, die alle vier Wochen Sonntag abends unter seiner Leitung begonnen wurde im Hause an der Riemenstraße. Nicht nur die beiden großen Wohnzimmer, sondern auch das kleine Nebenzimmer sowie der Flur, die Küche und die Treppe waren oft lange vor Beginn der Stunde dicht besetzt. Diese Wartezeit vor der Stunde wurde von manchen benutzt, um sich gegen Frau Faust über allerlei innere Nöte und Anfechtung auszusprechen. Frau Faust wußte bald, was solchen bekümmerten Seelen Not tat. Wenn Pastor Rinck eintraf, sagte sie zu ihm: ›Herr Paschtoar, eck hew et Leed als opgeschlagen.‹ Das war denn in der Regel das köstliche Trostlied: ›Wie bist du mir so innig gut, mein Hoherpriester du.‹ Oder jenes andere in unseren Gemeinschaftskreisen ebenso beliebte Lied: ›Ich bete an die Macht der Liebe.‹ Pastor Rinck verstand ohne weitere Worte die Absicht der lieben Freundin und vergaß nicht, auch im Eingangsgebet ganz besonders solcher angefochtenen Seelen zu gedenken. Mit

Sie hielten in der Riemenstraße bzw. im Elendstal Bibelstunden und Gottesdienst

Pastor Rinck ist Frau Faust bis ans Ende aufs herzlichste verbunden gewesen und hat auch an seinem Sterbelager gestanden und die schweren Kämpfe mit durchgekämpft, durch die der müde Knecht Gottes zur letzten Ruhe eingehen mußte.«

Immanuel Friedrich Emil *Sander* wurde am 1. Dezember 1797 in Schaafstädt bei Merseburg geboren. Er war Schüler der Lateinschule des Halle'schen Waisenhauses 1805-1815. Von 1822-1838 war er Pfarrer der lutherischen Gemeinde Barmen-Wichlinghausen, von 1838-1854 Pfarrer der lutherischen Gemeinde Elberfeld. 1828 war er erster Präses der Barmer Missionsgesellschaft und gehörte dem Vorstand der Bergischen Bibelgesellschaft an. Er übte als Konfirmator und Seelsorger großen Einfluß auf die junge Johanna Kesseler aus. 1854 verließ er Elberfeld, um in Wittenberg neben dem Amt des Stadtpfarrers das eines Superintendenten, Professors und Mitdirektors des Königlichen Predigerseminars zu übernehmen. Am 28. April 1859 starb er in Wittenberg.

Heinrich Ernst *Schniewind* wurde am 5. Mai 1842 in Elberfeld geboren. Er war Teilhaber und später (1895) Inhaber der Textilfabrik H.E. Schniewind. Der Handelskammer zu Elberfeld gehörte er von 1896-1917 an, der Handelskammer für den Wuppertaler Industriebezirk von 1917-1924. Von 1906-1912 war er Vizepräsident, von 1912-1917 Präsident der Handelskammer zu Elberfeld. Seiner lutherischen Gemeinde in Elberfeld diente er von 1875-1924 mit kurzen Unterbrechungen als Presbyter und Kirchmeister. Von 1889 an stand er 35 Jahre lang der Bergischen Bibelgesellschaft vor; er gehörte dem Vorstand des lutherischen Rettungshauses an und war mit der Arbeit des Elberfelder Gefängnispfarrers Karl Heinersdorff auf dem Gebiet der sozialen Fürsorge für strafentlassene und sittlich gefährdete Frauen und Mädchen im Elberfeld-Barmer Zufluchtshaus als Schatzmeister sehr verbunden. Ihm wurden hohe staatliche Ehrungen und Auszeichnungen zuteil. Am 25. März 1928 starb er in Elberfeld.

Julius *Schniewind* wurde 1847 in Elberfeld geboren. Er war Teilhaber der Textilfabrik H.E. Schniewind. Er hatte zahlreiche kirchliche Ämter inne: So gehörte er mehr als zwei Jahrzehnte dem Presbyterium der lutherischen Gemeinde Elberfeld, den Vorständen der Rheinischen Missionsgesellschaft, der Evangelischen Gesellschaft

Heinrich Schniewind und seine Ehefrau Maria, die über Jahrzehnte die Arbeit des Zufluchtshauses und des Bergischen Diakonissenmutterhauses begleitet und gefördert haben

für Deutschland und des Elberfeld-Barmer Vereins zur Hebung der Sittlichkeit sowie dem Elberfelder Kollektenverein an. Von 1879-1902 war er Handelsrichter beim Landgericht Elberfeld. Er starb am 2. Mai 1902 in Elberfeld. Sein Sohn Julius Schniewind (1883-1948) war Theologieprofessor in Halle, Greifswald, Königsberg und Kiel und zuletzt Propst von Halle-Merseburg.

Elias *Schrenk* kam am 19. September 1831 in Hausen (Württemberg) zur Welt. Von 1879-1886 war er als Prediger der Evangelischen Gesellschaft in Bern und von 1886-1913 als freier Evangelist mit Wohnsitz in Barmen tätig. Von 1893-1913 gehörte er dem Vorstand der Evangelistenschule Johanneum in Barmen an. Zwischen 1890 und 1911 war er wiederholt Festprediger auf den Jahresfesten der Evangelischen Gesellschaft für Deutschland und des Johanneums. Von ihm stammt die Bezeichnung von Johanna Faust als einer »Großmacht Elberfelds«. Er starb am 21. Oktober 1913 in Bethel bei Bielefeld, wo sein Sohn Gottlob Schrenk in der Ausbildung von Missionaren der Bethel-Mission tätig war.

Friedrich Wilhelm *Steinsiek* wurde in Schildesche (Westfalen) am 15. Juli 1855 geboren. 1882-1887 war er Seminarist des Missionshauses in Barmen. Während seiner Missionarsausbildung leitete er die von Johanna Faust gegründeten Sonntagsschulen im Elendstal und in der Anilinstraße in Elberfeld sowie den Elendstaler Missions-Frauenverein. 1887 reiste er als Missionar nach Sumatra aus, wo er sich insbesondere der Pflege der Aussätzigen widmete. Er starb am 20. Dezember 1924.

Karl *Thyssen*, geboren 1868, war Bandwirker und Kurzwarenhändler in Elberfeld und wohnte in der Nachbarschaft von Johanna Faust am Arrenberg. Zwischen 1875 und 1907 wird er als Eigentümer einer Elberfelder Manufakturenhandlung im Adreßbuch verzeichnet. Von 1882-1886 war er Vorsitzender des Arrenberger Männer- und Jünglingsvereins. Seine Frau war von früher Jugend an mit Johanna Faust befreundet.

Paul *Thyssen* wurde am 21. Juli 1865 in Elberfeld geboren. Nach seiner theologischen Ausbildung war er von 1888-1891 Hilfsprediger der reformierten Gemeinde Barmen-Gemarke und von 1891-1904 Pfarrer der reformierten Gemeinde Langenberg (Rheinland) und Leiter des dortigen Jünglingsvereins. Von 1896-1904 gehörte er dem Vorstand des Rheinischen Provinzialausschusses für Innere Mission an. Im Jahre 1904 wurde er als Pastor primarius nach Bremen berufen. Er starb am 31. Mai 1935 in Bremen. Manche Anekdote über Tante Hanna, die in ihrer Kindheit und Jugendzeit großen Einfluß auf ihn ausübte, stammt von ihm.

Ernst *Winkelsen* war um die Jahrhundertwende im Wuppertal als Mundartdichter bekannt. Er gehörte dem Evangelischen Arbeiterverein an und leitete den Jünglingsverein Elberfeld-Ostersbaum. Über Johanna Faust schrieb er das Gedicht: »Wie dat Elendsdahl entstangen es.«

Tod und Begräbnis

Bis ins hohe Alter ging Johanna Faust neben ihrer vielfältigen Arbeit am Arrenberg und im Elendstal den Geschäften nach, die mit dem Erwerb ihres eigenen Lebensunterhalts notwendig verbunden waren. Als Händlerin, die von Haus zu Haus ging, hatte sie sich im Verlaufe von Jahrzehnten einen bescheidenen Wohlstand schaffen und ihre materielle Unabhängigkeit, auch von Kirche und Gemeinde, behaupten können. Selbstverständlich blieb sie bis zuletzt über alle Pläne und Vorhaben der Vereine und Kreise informiert. So war sie auch wieder in den Wochen vor Weihnachten damit beschäftigt, Liebesgaben für Bedürftige zu sammeln und zu verpacken, als sich plötzlich hohes Fieber einstellte, das sie zwang, Bettruhe zu wahren. Nur drei Tage währte ihr Krankenlager. Am Mittwoch, dem 16. Dezember 1903, nachmittags gegen drei Uhr, wurde sie von ihrem Herrn heimgerufen. Heinrich Niemöller, ihr Neffe Hermann Siepermann – vielleicht auch andere Verwandte und Freunde – standen ihr in der Sterbestunde bei.

Von den Angehörigen, vom Arrenberger Männer- und Jünglingsverein sowie vom Elendstaler Missions-Jungfrauen-Verein erschienen am folgenden Tag Todesanzeigen, die in ihrer Kernaussage darin übereinstimmten, daß Johanna Faust »in festem Glauben an ihren Erlöser« entschlafen sei. Die Vereine bezeichneten sie liebevoll als ihre »Vereinsmutter«, die Angehörigen als ihre Tante und Großtante. Der einzige, etwas ausführlichere Anzeigentext des Missions-Jungfrauen-Vereins lautete: »Heute Nachmittag drei Uhr entschlief in festem Glauben an ihren Erlöser unsere Vereinsmutter Johanna Faust im Alter von 78 1/4 Jahren. Mit großer Treue und unermüdlicher Regsamkeit hat sie unserem von ihr gegründeten Verein gedient. Sie, die auf Erden keine Ruhe hatte, weil ihr Leben der Menschheit geweiht war, ist nun eingegangen zu der Ruhe, die noch vorhanden ist dem Volke Gottes.«

Nur die Anzeige der Angehörigen enthielt die folgende Information: »Das Begräbnis findet am Sonntag dem 20. ds. Monats, 11 1/2 Uhr, vom Konfirmandensaal des Herrn Pastor Niemöller, Arrenbergerstraße aus statt.« Trotz der unauffälligen Bekanntgabe des Begräbnistermins in der Zeitung wurden nach übereinstimmenden Berichten verschiedener Beobachter sowohl der Trauergottesdienst am Arrenberg als auch der Trauerzug durch die große Industriestadt, zu der mehr als zwei Kilometer vom Aufbahrungsort entfernten Grabstätte an der Hochstraße, zu einer eindrucksvollen Demonstration der Herrlichkeit Gottes, der das Lebenswerk der Verstorbenen so reich gesegnet hatte. Der Kirchliche Anzeiger vom 25. Dezember 1903 berichtete: »Es strömte eine dichte Menschenschar nach dem Konfirmandensaal an der Trinitatiskirche, wo die Standrede am Sarge der dort aufgebahrten Frau Johanna Faust gehalten werden sollte. Aber der Andrang erwies sich zu groß für die knappen Räume einer Katechisierstube. So fluteten die Scharen hinüber in die Trinitatiskirche, deren großes Schiff sich bis auf den letzten Platz füllte, ja selbst die Emporen waren mit Menschen dicht besetzt. Alle Stände hatten ihre Vertreter gesandt. Angehörige unserer ersten Familien, Bürger und Arbeiter, Pastoren und Lehrer, Lutherische und Nichtlutherische, Vertreter der Inneren und Äußeren Mission, christliche Vereine und Abgesandte von Gemeinschaften aus Rheinland, Westfalen und sonst her.«

Wenn man bedenkt, daß die Trinitatiskirche mit 1.276 Sitzplätzen nicht alle Trauergäste fassen konnte, vermag man vielleicht zu ermessen, welches Aufsehen die Beisetzung von Johanna Faust in der Öffentlichkeit erregt haben mag. Der vierundvierzigjährige Heinrich Niemöller, der gerade erst drei Jahre Pfarrer jenes Gemeindebezirks war, dem Johanna Faust zugehörte, hielt die Trauerpredigt; sie ist im Anhang abgedruckt. Hermann Dannert, einer ihrer jüngeren Vertrauten, schrieb später: »Leichenzüge sind in der Regel nichts besonderes; sie gehören zu den alltäglichen Erscheinungen, und die meisten Menschen gehen ihnen gerne aus dem Wege. Je und je aber gibt es Ausnahmen, besonders wenn die irdische Hülle der Großen dieser Welt zur letzten Ruhestatt geleitet wird. Eine solche Ausnahme schien am 20. Dezember 1903 in Elberfeld zu sein. Ein Trauerzug von vielen Hunderten von Menschen bewegte sich von der Trinitatiskirche durch die Straßen zum lutherischen Friedhof hin. Tausende von Menschen belagerten die Fenster bis zu den Dächern hinauf oder bildeten als Zuschauer Spalier auf den Straßen. An der Spitze des Zuges sah man berittene Polizei und am Eingang des Kirchhofs suchten die Wächter des Gesetzes Ordnung zu halten. Im Trauerzug selbst sah man allerlei Leute, einfache Männer mit Mützen und ohne den üblichen weißen Kragen, Herren und Damen, deren Kleidung die oberen Stände verriet, und eine Anzahl alter Mütterlein.«

Nur selten noch geben heute Trauergottesdienste öffentlich Zeugnis von der Allmacht und Güte Gottes, der die Auferstehung und das Leben ist. Der 20. Dezember 1903, ein Sonntag, an dem die Christenheit von alters her Woche für Woche an den auferstandenen und erhöhten Herrn erinnert, wurde zu einem großen evangelistischen Ereignis, das die Trauernden ebenso wie die Schaulustigen und die Zaungäste zum Nachdenken darüber brachte, was Gott aus einem schwachen Menschen machen kann, der sich bedingungslos in seinen Dienst stellen läßt.

Die Grabplatte; heute an der Wand der Pforte zum Lutherischen Friedhof in Elberfeld an der Hochstraße

Wer war Johanna Faust?

Seit ihrem Tode vor nunmehr fünfundachtzig Jahren ist die Erinnerung an Tante Hanna in manchen Gemeinden des Wuppertals und seiner Umgebung auf erstaunliche Weise lebendig geblieben, obwohl es in der Stadt kein Denkmal gibt, das auf sie und ihr Lebenswerk hinweist. Keine Straße und kein Platz tragen ihren Namen. Ihre schlichte Grabstätte auf dem lutherischen Friedhof in Elberfeld – abseits von den Ehrengräbern der Pastoren und vornehmen Glieder der Gemeinde – ist 1975 eingeebnet worden. Nur die schmucklose Grabplatte, mit dem Text aus 1. Mose 12,2: »Ich will dich segnen, und du sollst ein Segen sein«, blieb erhalten und wurde in der Eingangshalle zum Friedhof angebracht.

Und doch wird noch heute von ihr gesprochen und über sie geschrieben. Manche ihrer einprägsamen Aussprüche in Elberfelder Mundart sind zu geflügelten Worten geworden. Daß das so ist, ist vor allem auf den großen Erfolg der ersten Biographie zurückzuführen, die Pfarrer Dr. Wilhelm Busch veröffentlichte. Nach ihrem Tode wurde von vielen Freunden des Elendstals der Wunsch geäußert, ihrem Leben und ihrer Arbeit ein Erinnerungsbuch zu widmen. In »Licht und Leben«, der Zeitschrift der Evangelischen Gesellschaft für Deutschland, wurde kurz nach ihrem Tod, Anfang 1904, ein Gedenkartikel veröffentlicht. Er enthielt zugleich die Bitte an den Leser, geeignete Beiträge zur Beschreibung des reich gesegneten Lebens der Tante Hanna Faust dem Verfasser der Biographie zur Verfügung zu stellen.

Viele persönliche Erlebnisse und Erinnerungen von Freunden der Tante Hanna, zum Beispiel von Carl Ohly, Paul Thyssen, Antonie Winterberg und Rudolf Leite wurden eingesandt, von Wilhelm Busch zu einer Biographie verarbeitet und 1904 rechtzeitig zum alljährlich stattfindenden Elendstaler Freundesfest am Himmelfahrtstag in der Buchhandlung der Evangelischen Gesellschaft für Deutschland in Elberfeld veröffentlicht. In der Zeitschrift des Westdeutschen Jünglingsbundes »Leuchtturm« und im Kirchlichen Anzeiger der lutherischen Gemeinde Elberfeld wurde das Buch vorgestellt und empfohlen. Schon vier Wochen nach seinem Erscheinen war die erste Auflage von 3.000 Exemplaren vergriffen. Bereits im Juli 1904 erschien die zweite, veränderte und ergänzte Auflage. Diese gab es auch als preiswerte »Volksausgabe« für achtzig Pfennig und mit Mengenrabatt. Im Oktober 1904 kam die dritte, im Dezember desselben Jahres die vierte und im Juli 1905 die fünfte Auflage heraus. In Nr. 11 der Zeitschrift »Reformation«, herausgegeben vom Verein für Berliner Stadtmission, wurde 1905 die Biographie nachdrücklich empfohlen: »Eine Christin, die gestorben ist und doch fortwirkt, ja, in weiteren Kreisen als bei ihren Lebtagen, verdient unsere Teilnahme. Das Buch ist ein wertvoller Weckruf zum Glauben und Lieben. Möge es noch in viele tausende von Händen kommen.« Dieser Wunsch ging in Erfüllung. Im Juli 1907 wurde die Biographie von Wilhelm Busch nochmals überarbeitet und neues Material eingefügt, so daß 1908 die sechste veränderte Auflage erscheinen konnte. Zum hundertsten Geburtstag von Johanna Faust im September 1925 erschien als Jubiläums-Ausgabe die zehnte Auflage. Die letzte, uns bekannte Auflage, erschien 1929. In zwölf Auflagen waren bis zu diesem Zeitpunkt 63.000 Exemplare verkauft worden. Johanna Faust wurde damit über die Grenzen Wuppertals hinaus bekannt, obwohl sie – abgesehen von einem kurzen Aufenthalt in Berlin auf Einladung der dortigen Stadtmission und von wenigen Tagesreisen in die nähere Umgebung – Elberfeld so gut wie nie verlassen hat.

Es konnte nicht ausbleiben, daß im Verlaufe unseres von folgenschweren religiösen und politischen Umbrüchen erschütterten Jahrhunderts das Anekdotische ihres ungewöhnlichen Lebensweges zu vielerlei legendären Überzeichnungen, merkwürdigen Verfremdungen und grotesken Verzerrungen ihrer Persönlichkeit Anlaß geben mußte. Nicht ganz unschuldig daran mag vielleicht sogar der Untertitel der verdienstvollen Biographie Buschs gewesen sein: »Ein Wuppertaler Original«.

Tante Hanna – ein Original? Wenn man unter einem »Original« einen seltsamen Menschen versteht, der durch die Originalität seiner Ideen oder seiner Lebensführung auffällt, dann war sie ganz gewiß kein Original. Wie sie lebte und handelte, glaubte, hoffte und liebte, war nicht eben originell: es gab vor ihr und nach ihr andere bekannte und unbekannte Männer und Frauen, die sich wie sie ohne alle Ambitionen von Gott dahin berufen ließen, wo er sie brauchte. Sie, die alles Exzentrische und Überspannte ablehnte, »Fisematenten« – wie sie es nannte – verabscheute und vielleicht nur wegen ihrer schlichten Einfachheit in gläubiger Lebensführung und zurückhaltender Lebensäußerung in ihrem Verkehrskreis Aufmerksamkeit fand, ist mit dem leicht geringschätzig und abwertend zu verstehenden Ausdruck »Original« nur unzureichend charakterisiert. Sie war keine »wunderliche Heilige« und keine kauzige Lokalerscheinung, die zur Erheiterung oder zum kennerhaften Schmunzeln der abseits stehenden Zeitgenossen beigetragen hätte.

Buschs zweifellos liebenswürdig gemeinter Ausdruck scheint noch 1988 den Journalisten Helmut Böger dazu angeregt zu haben, Johanna Faust in die Reihe seiner 34 Portraits unter dem Titel »Berühmte und berüchtigte Wuppertaler« aufzunehmen. Da steht sie nun in einer ebenso illustren wie despektierlichen Galerie berühmter und berüchtigter Gestalten des Wuppertals zwischen Friedrich Engels, Friedrich Wilhelm Krummacher, zwischen dem Räuber »Kob Hannes«, dem Okkultisten Karl Krall und dem Anarchisten und Bombenleger August Reinsdorf. Für den genüßlichen Liebhaber und Sammler origineller und skurriler Lebensgeschichten sind die im deftigen Moritatenstil abgefaßten Texte des schmalen Büchleins eine wahre Fundgrube. Über Johanna Faust heißt es am Ende des kurzen Portraits:

»›Die Großmacht in Elberfeld‹ war konservativ und kaisertreu. Für sie hieß es nur schön fest glauben, dann wurde aus dem Elberfeld des Wuppertals schon noch die Königshöhe. Dennoch machte die kleine, rundliche Frau mit ihrer naiven Glaubensgewißheit auch auf ganz, ganz Linke starken Eindruck. Als einer der Elberfelder Anarchisten, die in einem Gasthaus eine Bombe gelegt hatten, aus seinem USA-Exil zurück gekommen war und auf dem Sterbebett lag, da verlangte er nach Tante Hanna. Und sie kam, eine Seele zu retten. Das Arbeitermädchen, diese heilige Hanna der Elberfelder Hinterhöfe, war berühmt geworden. So berühmt, daß der Oberbürgermeister von Elberfeld, Geheimrat Jaeger, ihr seinen Platz in der Pferdebahn anbot. Damals fuhren Oberbürgermeister noch mit öffentlichen Verkehrsmitteln. Tante Hanna, obrigkeitsgetreu und fromm, gestand nach dieser Szene: ›Ach, eck schamten mek soa för al die Menschen.‹«

Böger hat die von Busch vor fünfundachtzig Jahren vorgegebene biographische Meß- und Bewertungslatte der »Originalität« auch für seine Skizze in Anspruch genommen und in der plakativ-effekthascherischen Darstellungsweise des modernen Boulevard-Journalismus aus Johanna Faust ein politisch wie religiös hoffnungslos rückständiges Unikum innerhalb eines politisch reaktionären Umfelds gemacht, dessen vergebliche Liebesmüh' vielleicht noch Mitleid, aber keine Achtung mehr verdient.

Von ganz anderem Zuschnitt ist das Bild, das der emigrierte polnische Historiker Andrzej Józef Kamiński in seinem Buch »Vom Polizei- zum Bürgerstaat« von Johanna Faust entwirft. Das Buch erschien 1976 mit finanzieller Unterstützung des Presse- und Werbeamtes der Stadt Wuppertal. Es wurde in Wuppertals »guter Stube«, im Barmer Engelshaus, in Anwesenheit zahlreicher geladener Gäste und vor Vertretern der Presse am 8. September 1976 der Öffentlichkeit vorgestellt.

Kamiński, der von sich selbst sagt, daß er »kein Gläubiger« sei und nur »ungläubige Augen« habe und »zu einem Glauben im Sinne einer transzendentalen oder irdischen Kirche absolut unfähig« sei, hat in Johanna Faust und in ihrem Biographen Wilhelm Busch willkommene Objekte seiner Polemik entdeckt. Gleich zu Beginn seines Buches kommt er auf Johanna Faust zu sprechen. Für ihn ist »Hanna Faust die berühmte und verdiente, wenn auch nicht gerade politisch gebildete ›Tante Hanna‹ aus dem ›Elendstal‹ am Kiesberg«, die »keine gute Meinung von der Demokratie und den Demokraten« hatte. Ihre »antidemokratische Haltung«, die sie mit dem Pädagogen Friedrich Wilhelm Dörpfeld teilte, belegt er mit einem Zitat aus dem Buch ihres »frömmelnd-engstirnigen Biographen«: ». . . wie oft redete sie im Tone herzlichen Mitleids von den ›armen, verblendeten Demokraten.‹ (. . .) ›Es sind auch Demokraten darunter, schlimme Geister, die nur von ihren Frauen überredet worden sind, einmal mitzukommen.‹« Wenn er Dörpfeld und Johanna Faust auch nicht gleich mit den geistigen Vätern der nationalsozialistischen Ideologie auf eine Stufe stellen möchte, so will er sie politisch doch »zu den verderblich wirkenden Gestalten« zählen! Johanna Faust – eine im politischen Sinne verderblich wirkende Gestalt, vielleicht sogar doch eine geistige Wegbereiterin des Nationalsozialismus?! Am Ende sei-

129

nes Buches kommt Kamiński noch einmal ausführlich auf Johanna Faust, wie sie ihm aus der Biographie Buschs entgegentritt, zurück. Der »Elberfelder Pastor Dr. Wilhelm Busch« habe die »edle und ehrwürdige Gestalt« für seine besonderen politischen Zwecke zurechtgestutzt; seine Biographie dieser »wohltätigen Frau« sei »unerträglich ›erbaulich‹, süßlich, frömmelnd, salbungsvoll«. Er, der kämpferische Freidenker, wirft Busch, dem »vermeintlich Frommen« vor, das zweite Gebot mißachtet zu haben, weil er genauestens zu wissen vorgebe, »was Gott, bzw. ›der Herr‹, getan hat, wollte, will und gerne hat«. Eindeutig bleibt nach Kamińskis Ansicht, »daß hier die christlich-menschlichen Dienste von Frau Hanna Faust kraß mißbraucht wurden, um – ganz wörtlich – unter dem Mantel der christlichen Nächstenliebe die mehr oder weniger getreu beschriebenen, naiven und primitiven politischen Ansichten jener Frau ins Bewußtsein der Leser zu schmuggeln. Ja, um direkt die These aufzustellen, ein wirklich guter Christ wähle konservativ«.

Für Kamiński steht weiterhin fest, daß Johanna Faust »mit sanftem kirchlichem Druck« dahin gebracht wurde, »im Interesse der reaktionären Kreise« zu wirken. Ganz besonders streng geht er mit Tante Hanna vor allem deswegen ins Gericht, weil sie sich nach übereinstimmender Ansicht von Busch, Ohly und Thyssen nicht in den Geist der modernen Frauenbewegung habe hineinziehen lassen und nie die »feine Grenzlinie überschritten« habe, »die nun einmal in Gottes Wort der Frau gezeigt ist«. Auf diese »feine Grenzlinie« hat ja vor allem Heinrich Niemöller in seiner Trauerpredigt hingewiesen: »Ihr Glauben aber und ihre Liebe wurzelten in einer ungefälschten Demut, mit der sich eine große Weisheit verband. Wie bereitwillig trat sie stets zurück, wie gewissenhaft hielt sie bei aller ihrer Arbeit die weiblichen Schranken ein!«

Nach Kamińskis Ansicht ist die damalige Haltung von Johanna Faust in der »Frauenfrage« heute längst überwunden. Triumphierend und nicht ohne Häme stellt er schließlich fest: »Auch in unserem konkreten Falle ist die Entwicklung nicht nur über diejenigen hinweggeschritten, die ›in der Frauenfrage konservativ‹ waren, sondern auch über jenes scheinbar so eindeutige Verständnis der Heiligen Schrift. Seit dem Erscheinen des Buches sind kaum siebzig Jahre vergangen, und in der protestantischen Kirche gibt es schon eine große Anzahl Pastorinnen – und die katholische Kirche hält es noch immer mit dem Apostel Paulus, mit der protestantischen Tante Hanna und mit ihren Pastoren von vor siebzig Jahren...Und wieder muß ich passen, weil es mir nicht begreiflich ist, daß lange Jahrhunderte, in denen fromme, kluge, wohlmeinende Männer aus derselben Heiligen Schrift so recht verschiedene Schlußfolgerungen gezogen haben, immer noch nicht heilsame Zweifel an der Unfehlbarkeit der eigenen Interpretation erzeugt haben.«

Soweit der mit dem Bekenntnis seines eigenen Unglaubens kokettierende polnische Historiker mit seiner spöttischen Kritik an Johanna Faust. Sie enthält trotz ihrer abwertenden, karikierenden Überzeichnung der Tante Hanna als »konservativ betörte, herzensgute Frau Faust«, die sich als »geistig etwas zurückgebliebene, naive Person« für die Interessen der reaktionären Kreise mißbrauchen ließ, eine Fülle von Denkanstößen, die unsere Stellungnahme zu den gegenwärtigen Auseinandersetzungen innerhalb von Kirche, Gemeinde, Gesellschaft und Staat herausfordern könnten.

Anders als für manche wohlmeinende Autoren, die sich in neuerer Zeit mit der Gestalt der Johanna Faust auseinandergesetzt und in ihr entweder eine kirchengeschichtliche Kuriosität oder ein wirklichkeitsfremdes Idol christlichen Glaubens erkannt zu haben meinen, ist für Kamiński die Tante Hanna ein Ärgernis, an dem er Anstoß nimmt. Und mit ihm werden sich heute viele Zeitgenossen – ob sie sich nun zur Gemeinde Jesu Christi zählen oder nicht – an dieser Frau ärgern und reiben, denn schon zu ihrer Zeit verstieß sie aus ihrem Glaubensverständnis heraus gegen Grundsätze, die heute geradezu als unantastbar gelten.

Sie war zweifellos keine Demokratin im landläufigen, politischen Sinn. Ihr war die Mitwirkung an der Ausbreitung des Reiches Gottes wichtiger als die Teilhabe am politischen Machtkampf. Daß das Gottesreich komme, war ihr wichtiger als alle Politik. Sie hat dem demokratischen Grundsatz, daß alle Staatsgewalt vom Volke ausgehe, keinen rechten Glauben schenken können, weil sie ihr Vertrauen auf den setzte, der gesagt hat: »Mir ist gegeben alle Gewalt im Himmel und auf Erden.« Sie war keine Sozialistin, weil sie nicht im Klassenkampf, sondern im Gericht des wiederkommenden Herrn die Vollendung der Geschichte erwartete. Sie war keine emanzipierte Frau, die sich selbst befreien und selbst bestimmen wollte. Sie glaubte vielmehr der Zusage Jesu: »Wenn ihr bleiben werdet an meinem Wort, so seid ihr wahrhaftig meine Jünger und werdet die Wahrheit erkennen und die Wahrheit wird euch frei machen. Wenn euch nun der Sohn frei macht, so seid ihr wirklich frei.« (Joh. 8,31+32+36)

Wer war nun Tante Hanna wirklich?

Eine abschließende Beurteilung ist schwer, wenn nicht gar unmöglich. Nach allem, was wir aus den Aufzeichnungen der Zeitzeugen in Erfahrung bringen konnten, war Johanna Faust eine einfache Frau aus ärmlicher Arbeiterfamilie, die zeitlebens in dürftigen, aber geordneten wirtschaftlichen Verhältnissen lebte. Durch ihren Mann und ihre nahen Verwandten blieb sie fest in den sozialen Bezugskreis der »kleinen Leute« eingebunden, die die Art ihres Denkens und Redens entscheidend beeinflußten. Im Umgang mit den Gebildeten und Begüterten zeigte sie taktvolle Sicherheit und ein gesundes Selbstbewußtsein, ohne überheblich oder unterwürfig zu sein. Im Verkehr mit Gleichgestellten oder mit gesellschaftlichen Außenseitern konnte sie bei aller einfühlsamen Warmherzigkeit resolut und bestimmend sein, ohne abweisend und verletzend zu wirken. Sie sprach die Sprache der einfachen Leute, wodurch ihr viele Türen und Herzen geöffnet wurden. Ihre unkomplizierte Art, auf andere zuzugehen, verschaffte ihr auch da noch einen Zugang, wo Gleichgültigkeit oder Feindseligkeit gegenüber dem Evangelium bestanden. Sie biederte sich niemandem an; wenn es sein mußte, dann konnte sie ihre eigenen Ansichten mit Geschick und Ausdauer vertreten. Sie besaß die seltene Gabe, anderen lange und aufmerksam zuzuhören und über das ihr Anvertraute Stillschweigen zu bewahren. Sie besaß einen unbestechlichen Blick für echte und falsche, angequälte oder geheuchelte Frömmigkeit. Ihr nüchterner Realitätssinn bewahrte sie vor Schwarmgeisterei und Gefühlsüberschwang. Sie war eine Respektsperson, die bei Jung und Alt, Hoch und Niedrig ein hohes Ansehen hatte, das sie aber nicht für sich genoß, sondern demütig in den Dienst für ihren Herrn und sein Reich stellte.

Der spätere Gemarker Pfarrer Hermann Krafft hat nach eigener Aussage als junger Vikar zwei Dinge bei ihr gelernt: »Erstens: Man muß wirklich einen inneren Besitz haben, um einfachen Leuten aus dem Volk etwas bieten zu können. Zweitens: Man muß sehr einfach sprechen, wenn man bei den einfachen Leuten Eingang finden will.«

Sie, die so früh die Schule verlassen mußte, um zum Unterhalt der Familie beizutragen, besaß wenig Übung im Schreiben. Sie hatte also keinen schriftlichen Nachlaß hinterlassen. Ihre Korrespondenz führte in den letzten Lebensjahren Antonie Klages, die spätere Gattin des Cronenberger Pfarrers Gottlieb Winterberg. Aus Anlaß des 25. Todestages schrieb sie über Johanna Faust:

»Eine schlichte Frau aus dem Volke, sie trug etwas von dem königlichen Adel des Volkes Gottes an sich. Kampf, Nöte und Schwierigkeiten hat sie auch in ihrem Leben reichlich gehabt. Aber sie hat sich durchgefunden, indem sie ihren Willen eins sein ließ mit dem Willen Gottes. Sie glaubte, das heißt: Sie ließ Gott machen. ›Wir sind nicht ein Spielball des Teufels, wir sind nicht den Launen oder dem Willen böser Menschen preisgegeben, sondern unser Leben ruht in Gottes Hand. Er hat uns so lieb, Er macht keine Fehler mit Seinen Führungen. So, wie wir zu ihm stehen, gestaltet sich unser äußeres Leben. Alles gehört zur Erziehung mit in meinen Weg.‹«

Aus den vielen Zeugnissen über Johanna Faust geht übereinstimmend hervor, daß sie, spätestens seit dem Bau der Elendstaler Kapelle im Jahre 1872, im Mittelpunkt der Evangelisations- und Gemeinschaftsbewegung des Wuppertals stand und mit unsichtbaren Fäden der Liebe und des Gebets die nach Alter und Geschlecht, Bildung und Beruf, Ansehen und Vermögen so unterschiedlichen Menschen in den Vereinen, Kreisen und Grupen zu einer großen, geistlichen Geschwisterschaft vereinigte. In dieser verbindenden, ausgleichenden Kraft beruht das Geheimnis ihrer Persönlichkeit: ohne sie wäre die Kirchen- und Sozialgeschichte des Wuppertals im letzten Drittel des vorigen Jahrhunderts zweifellos ärmer gewesen.

Nicht die abstrakte Idee der Humanität oder ein sozialpolitisches Engagement auf der Grundlage eines heilversprechenden Parteiprogramms waren die Triebfedern ihres Handelns. Ihr selbstloser Einsatz für andere hatte seinen unerschütterlichen Grund in der fröhlichen Dankbarkeit über die unendliche Liebe des lebendigen Gottes, die sie selbst in ihrem von Krankheit, Armut und manchen Kümmernissen gezeichneten Leben erfahren durfte. Wenn heute bis zum Überdruß von »Alternativen« im kirchlichen und gemeindlichen Leben gesprochen wird, dann hat sie damals – ohne ein kirchliches Amt innegehabt zu haben – *die* Alternative aufgezeigt und verwirklicht, die uns Nachgeborenen den Weg zum wahren Leben, zum wahren Glück und zur wahren Freude weisen kann. Im kindlichen Glaubensgehorsam folgte sie dem Ruf Gottes und wirkte mit den ihr verliehenen Gaben und Kräften daran mit, den Anbruch seines Reiches unter den Mühseligen und Beladenen bekannt zu machen.

>»Welch ein Herr, welch ein Herr!
>Ihm zu dienen, welch ein Stand!
>Wenn wir seines Dienstes pflegen,
>lohnt er unsrer schwachen Hand
>armes Werk mit reichem Segen.
>Wallen wir, so wallt sein Friede mit
>Schritt vor Schritt, Schritt vor Schritt.«

(EKG 478,4)

Anhang

	Deutschland	Elberfeld-Barmen	Lebenslauf Johanna Faust
1800	Theodor Fliedner, am 21. Januar in Eppstein/Taunus geboren		
1808	Johann Hinrich Wichern, am 21. April in Hamburg geboren		
1814		In Elberfeld wird die Bergische Bibelgesellschaft gegründet	
1815	Napoleons Herrschaft endet mit seiner Niederlage am 18. Juni bei Belle-Alliance		
1816		Kindererweckung unter dem Einfluß von P. Karl August Döring und Johann Peter Diederichs	
1818	Karl Marx, am 5. Mai in Trier geboren		
1820	Friedrich Engels, am 28. November in Barmen geboren		
1823		Gründung des ersten Missions-Jünglingsvereins	

	Deutschland	Elberfeld-Barmen	Lebenslauf Johanna Faust
1825	Ferdinand Lassalle, am 11. April in Breslau geboren		Friedrich Wilhelm Faust am 17. Februar geboren. Johanna Wilhelmine Kess(e)ler wird am 28. September in Elberfeld als Tochter des Kattunwebers Johannes Kesseler und seiner Ehefrau Gertrud, geb. Fischbach, geboren
1828		Vereinigung der Elberfelder (1799) und der Barmer (1818) zur Rheinischen Missionsgesellschaft am 22. September in Barmen, Pfr. I.F.E. Sander erster Präses	Geburt ihrer Schwester Wilhelmina
1831			Eintritt in die Arrenberger Elementarschule
1834		Eröffnung des Landgerichts für die Stadt Elberfeld und die Kreise Elberfeld, Solingen und Lennep am 24. November	Tod des Vaters Johannes Kesseler am 4. November
1835	Adolf Stöcker, am 11. Dezember in Halberstadt geboren		
1837			Schulentlassung

	Deutschland	Elberfeld-Barmen	Lebenslauf Johanna Faust
1838		Schwere wirtschaftliche Depression. Pfarrer I.F.E. Sander wird am 20. Mai an die lutherische Gemeinde Elberfeld berufen	Johanna verdingt sich als Arbeiterin in einer Seidenfabrik
1839			Johanna wird von Pastor Immanuel Friedrich E. Sander konfirmiert
1840	Friedrich Wilhelm IV. wird König von Preußen		
1842		Gründung eines der ältesten Jünglingsvereine in Deutschland durch Pastor Gerhard Dürselen in Ronsdorf am 17. Oktober	
1844			Johanna gründet am Arrenberg und in Cronenberg Sonntagsschulen
1845		Erste sozialistische Versammlung findet am 8., 15. und 22. Februar im »Zweibrücker Hof« in Elberfeld statt (Fr. Engels, G.A. Köttgen, M. Heß)	

	Deutschland	Elberfeld-Barmen	Lebenslauf Johanna Faust
1848	Revolutionen in Paris, Berlin und Wien. Kommunistisches Manifest (Marx/Engels) erscheint. Johann Hinrich Wichern hält am 22. September auf dem 1. Deutschen Kirchentag in Wittenberg seine berühmte Stegreifrede zur »Inneren Mission«	Am 25. August gründet Pastor Ludwig Feldner in Elberfeld die Evangelische Gesellschaft für Deutschland. Gründung des Rheinisch-Westfälischen Jünglingsbundes	
1849	Adolf Kolping gründet in Köln einen katholischen Gesellenverein	Anfang Mai Barrikadenaufstand in Elberfeld, an dem Friedrich Engels teilnimmt. Wirtschaftlicher Aufschwung. Gründung des Elberfeld-Barmer Erziehungsvereins. Choleraepidemie	
1850		Evangelischer Brüderverein gegründet	
1853	Johann Hinrich Wichern hält am 21. 9. den Festgottesdienst in der Unterbarmer Hauptkirche anläßlich des Jahresfestes der Elberfeld-Barmer Gefängnisgesellschaft	Neuordnung der Elberfelder Armenpflege (»Elberfelder System«)	Johanna heiratet am 5. Oktober den gleichaltrigen Fabrikarbeiter Friedrich Wilhelm Faust in Elberfeld. Pastor Sander vollzieht die kirchliche Trauung

	Deutschland	Elberfeld-Barmen	Lebenslauf Johanna Faust
1854		Sander folgt am 14. Mai einem Ruf als Stadtpfarrer und Superintendent nach Wittenberg	
1855	In Paris wird am 22. August die »Pariser Basis« der Internationalen Allianz der Jünglingsvereine (später: CVJM) beschlossen		
1856		Pfarrer Christian Gottlob Barner wird an die lutherische Gemeinde Elberfeld berufen. Pfarrer Heinrich Christian Rinck wird an die lutherische Gemeinde Elberfeld berufen	Tod ihres Bruders Friedrich Kesseler
1857	Gründung der Evangelischen Allianz in Deutschland		
1859		Choleraepidemie. Gründung des lutherischen Rettungshauses	Mithilfe in der Krankenpflege während der Choleraepidemie
1860		Einweihung des lutherischen Rettungshauses »Vorm Holz« am 17. Juni	Die Eheleute Faust eröffnen einen Kaffeehandel

Deutschland	Elberfeld-Barmen	Lebenslauf Johanna Faust
1861	Kindererweckung im Elberfelder Waisenhaus im Januar und Februar	
1863	Gründung des Allgemeinen Deutschen Arbeitervereins	Wirtschaftliche Depression	
1864	Ferdinand Lassalle stirbt am 31. August in Genf an den Folgen eines Duells. Theodor Fliedner stirbt am 4. Oktober in Kaiserswerth	Ferdinand Lassalle hält anläßlich des einjährigen Bestehens des Allgemeinen Deutschen Arbeitervereins am 22. Mai eine Rede in Ronsdorf	
1866f		Choleraepidemie	Mithilfe in der Krankenpflege während der Choleraepidemie
1868		Wirtschaftliche Erholung	Gründung der Sonntagsschule im Elendstal
1870	Deutsch-französischer Krieg		
1871	Proklamation von König Wilhelm I. von Preußen zum Deutschen Kaiser am 18. Januar im Spiegelsaal von Versailles		

	Deutschland	Elberfeld-Barmen	Lebenslauf Johanna Faust
1872			Einweihung der Elendstaler Kapelle am 13. Oktober
1873			Gründung des Elendstaler Jünglingvereins
1874	Adolf Stöcker wird Hof- und Domprediger in Berlin	Langanhaltende wirtschaftliche Depression	
1877	Gründung des Blauen Kreuzes in Genf		Gründung des Arrenberger Männer- und Jünglingsvereins im Hause der Eheleute Faust in der Riemenstraße 26
1878	Gründung der Christlich-Sozialen Arbeiterpartei durch Adolf Stöcker. Gesetz gegen die gemeingefährlichen Bestrebungen der Sozialdemokratie (»Sozialistengesetz«) am 21. 10. erlassen		
1879		Gründung der Aktiengesellschaft Zoologischer Garten in Elberfeld. Heinersdorff wird Gefängnispfarrer in Elberfeld	

	Deutschland	Elberfeld-Barmen	Lebenslauf Johanna Faust
1881	Johann Hinrich Wichern am 7. April in Hamburg gestorben	Pfarrer H.W. Rinck stirbt am 8. Januar in Elberfeld	Gründung von Sonntagsschule und Bibelstunde in der Anilinstraße in Elberfeld
1882		Gründung des Elberfeld-Barmer Vereins zur Hebung der Sittlichkeit und zur Erhaltung des Zufluchtshauses	
1883	Karl Marx stirbt am 14. März in London. Sprengstoffanschlag auf Kaiser Wilhelm I. anläßlich der Einweihung des Niederwald-Denkmals am 28. September	Adolf Stöcker hält am 14. Oktober in der alten Reformierten Kirche den Festgottesdienst anläßlich des 50. Jahrestages der Elberfeld-Barmer Gefängnisgesellschaft. Einen Tag später hält er einen Vortrag vor dem Christlich-Sozialen Verein in Barmen	Jahresfeste im Elendstal
1886	Theodor Christlieb gründet in Bonn am 2. April die Evangelistenschule Johanneum		

	Deutschland	Elberfeld-Barmen	Lebenslauf Johanna Faust
1888	Kaiser Wilhelm I. stirbt am 9. März; sein Nachfolger, Kaiser Friedrich III., stirbt 99 Tage später; Kaiser Wilhelm II. besteigt am 15. Juni den Thron		Friedrich Wilhelm Faust stirbt im Alter von 63 Jahren am 2. Juni
1890	Adolf Stöcker wird als Hofprediger entlassen		
1891		Elberfeld-Barmer Zufluchtshaus in der Straßburger Straße eingeweiht	
1893		Die Evangelistenschule Johanneum wird unter Theodor Haarbeck nach Barmen verlegt	
1895	Friedrich Engels stirbt am 5. August in London		
1898			Tod ihrer Schwester Wilhelmine Siepermann am 7. August
1899			Übereignung der Elendstaler Häuser und Grundstücke an die Evangelische Gesellschaft für Deutschland

Deutschland	Elberfeld-Barmen	Lebenslauf Johanna Faust
1900	Besuch des Kaiserpaares am 24. Oktober in Elberfeld und Barmen	Tod ihrer Schwester Gertrud Kesseler
1902	Pfarrer Chr. G. Barner stirbt in Elberfeld	
1903		Johanna Faust stirbt am 16. Dezember an einer Lungenentzündung. Am Sonntag, dem 20. Dezember, wird sie auf dem Lutherischen Friedhof an der Hochstraße in Elberfeld beigesetzt.

Trauerrede von Pastor Heinrich Niemöller

Die Trauerrede von Heinrich Niemöller in der Trinitatis-Kirche fand so großen Anklang, daß der Prediger gebeten wurde, sie drucken zu lassen. Bereits nach zehn Tagen war sie vergriffen, so daß eine 2. Auflage erfolgen mußte. In seiner von seinem Sohn Wilhelm im November 1947 herausgegebenen kleinen Schrift »Aus 56 Amtsjahren« schreibt Heinrich Niemöller:

»Am Sonntag, 20. Dezember 1903, haben wir Tante Hanna zu Grabe geleitet. Es war niemand besonders dazu eingeladen worden. Durch die Blätter war es bekannt gemacht. Die Freunde hatten es sich untereinander mitgeteilt. Auch die meisten der auswärtigen Freunde hatten es erfahren. Schon am Tage vorher war die Leiche unter einer Fülle von Kränzen, die von Reich und Arm geschickt waren, in meinem Konfirmandensaal an der Trinitatiskirche aufgebahrt. In diesem Saal sollte ich die Trauerfeier halten. Aber als die Stunde um 1/2 12 Uhr schlug, da erwies sich der Raum als viel zu klein. Wir zogen deshalb hinüber in die Trinitatiskirche, die sich sehr schnell bis auf den letzten Platz füllte. Eine seltsame Versammlung! Da sah man Leute aus allen Ständen: Kaufleute, Fabrikanten, Lehrer, Geistliche, Fabrikarbeiter, Männer und Frauen, alle vereinigt in inniger Trauer um die teure Entschlafene. Von der Kanzel hielt ich die Rede über 1. Mose 12,2: »Ich will dich segnen, und sollst ein Segen sein!« (. . .) Am Grabe sprach ich über Psalm 91,15 und 16. Ich habe während meines Amtes Tausende zu Grabe geleitet, aber eine solch große Beteiligung wie beim Begräbnis der Tante Hanna habe ich weder vorher noch nachher erlebt.«

ZUR ERINNERUNG AN FRAU JOHANNA FAUST – REDE IN DER TRINITATISKIRCHE (20. Dezember 1903) von H. NIEMÖLLER.

GNADE SEI MIT UNS UND FRIEDE VON GOTT UNSERM VATER UND DEM HERRN JESU CHRISTO. AMEN.

1. Mose 12,2 steht geschrieben: »Ich will dich segnen und du sollst ein Segen sein.« Dieses Wort soll es sein, unter dessen tröstliches Licht wir das Leben und Sterben der teuren Entschlafenen stellen, welches wir als letztes Lebewohl in die selige Ewigkeit nachrufen wollen.

»Ich will dich segnen« –, so hat vor viel tausend Jahren Gott der Herr dem Abraham verheißen, als er Vaterland, Freundschaft und Vaterhaus verlassend in die unbekannte Fremde ziehen mußte, um mitten in einer gottvergessenen Welt den Glauben an den Herrn Himmels und der Erde als ein heiliges Vermächtnis für die Zukunft zu retten. »Ich will dich segnen.« Gott hat es versprochen, und, was er zusagt, das hält er gewiß. Wie hat Er den Abraham überschüttet mit zeitlichen und ewigen Gütern, wie hat Er ihm neben dem vergänglichen Silber und Gold das unvergängliche Gold des Glaubens verliehen, wie hat Er ihn zum Vater aller Gläubigen und zum Erben der himmlischen Seligkeit erhoben, wie hat Er ihm aus seinen Nachkommen vor allem den großen Abrahamssohn, Jesum Christum, erweckt, durch welchen gesegnet sind und immer reicher gesegnet werden sollen alle Geschlechter auf Erden. »Ich will dich segnen.« Gottes Wort und Verheißung haben den Vorzug, daß sie nie veralten, daß sie noch immer erfüllt werden, ob auch die Jahrtausende darüber dahingehen.

Wir denken heute vor allem an den Segen, der unserer lieben heimgegangenen Freundin vom Herrn geworden, der sich in Strömen über sie ergossen hat, davon ein Jahr ihres Lebens dem andern sagt, davon ihre Jugend und ihr Alter, ihre Erlebnisse und ihre Führungen, ihr Herz und ihr Haus, ihr Wollen und Vollbringen in mannigfachster Weise beredtes, lautes Zeugnis ablegt.

»Ich will dich segnen.« Wir denken da zunächst an das Innerste, an das Köstlichste ihres Lebens, an alles das, was der Herr an ihrem Herzen getan hat. Sie hat ihn gesucht und Er hat sich von ihr finden lassen. Sie hat ihn frühe gesucht und Er ist ihr niemals untreu geworden. Welch eine Freude war es, ihr fröhliches Glaubensleben zu beobachten! »Unverzagt und ohne Grauen soll ein Christ, wo er ist, stets sich lassen schauen«; das war ihre Losung. Immer wieder warf sie mutig Panier auf. Wo Männer bangten, da war ihr Glaube der Sieg, der die Welt überwunden hat. Das hat der Herr getan. Ihm sei die Ehre! Und welch ein Feuer der Liebe hatte der Geist Gottes in ihr angezündet! Über fünf Jahrzehnte hat es gebrannt und loderte noch in den letzten Tagen wie in der Jugendzeit in hellen Flammen empor.

»Lasset uns Gutes tun und nicht müde werden«, so lautete eins ihrer letzten Worte. Ihr Glauben aber und ihre Liebe wurzelten in ihrer ungefälschten Demut, mit der sich eine große Weisheit verband. Wie bereitwillig trat sie stets zurück, wie gewissenhaft hielt sie bei aller ihrer Arbeit die weiblichen Schranken ein! Daß nur des Heilandes Ehre gemehrt, daß nur sein Reich gebaut werde: das war ihre stetige Sorge.

»Ich will dich segnen.« Der Herr hat sie gesegnet durch das liebe Kreuz. Sie hat manchen dornenvollen Weg gehen müssen. Sie kannte des Psalmensängers finsteres Tal. Aber das Kreuz trieb sie unter des heiligen Geistes Leiten ans Vaterherz, ans Heilandsherz. Das eigene Kreuz machte sie tüchtig, fremdes Kreuz zu verstehen und mitzutragen. Das Kreuz war ihr ein Führer zur Krone. Sie durfte oft bezeugen: »Ich danke dir, Herr, daß du mich gedemütigt hast.«

»Ich will dich segnen.« Der Herr hat sie mit viel Liebe gleichgesinnter Brüder und Schwestern gesegnet. Es ging eine tiefe Bewegung durch viele Kreise hindurch, als die Trauernachricht von ihrem Heimgang sich verbreitete. Gott hat ihr viele Herzen geöffnet, daß sie freudig ihre Gaben darboten, um ihre Arbeit für das Reich Gottes zu unterstützen. Er hat ihr viele Freundinnen geschenkt in der Nähe und in der Ferne, die ihr ziehen halfen am Netz, um Menschenseelen für den Heiland zu fangen.

»Ich will dich segnen.« Der Herr hat ihr eine wunderbare Kraft geschenkt, um den zahlreichen Pflichten, die an sie herantraten, zu genügen. Wenn jüngere Kräfte versagten oder ermüdeten, dann ließ Er sie die Erfüllung der Verheißung schauen: »Die auf den Herrn harren, kriegen neue Kraft.« Es war bewunderswert, wie sie weit über die Lebensgrenze hinaus trotz ihres arbeitsreichen und mühevollen Tagewerks rüstig blieb, ähnlich dem Knecht Gottes Moses, dessen Augen nicht dunkel geworden waren und seine Kraft war nicht verfallen. Das hat der Herr an ihr getan. Ihm sei Lob und Ehre!

»Ich will dich segnen.« Der Herr hat es ihr in Gnaden gewährt, daß sie mitten aus der Bahn, mitten aus der Arbeit der Liebe, der Zurüstung zum Weihnachtsfeste –, ohne Siechtum ausgespannt wurde und eingehen durfte, wie wir nicht zweifeln, als eine treue Dienerin, die der Herr wachend fand, zu Seiner Freude. Oh, wieviel gibt's hier zu danken!

»Ich will dich segnen«, verheißt der Herr – und »du sollst ein Segen sein.« Sie ist ein Segen gewesen, ein großer Segen. Der Tag wird's klar machen, die Ewigkeit wird es ans Licht bringen. Christi Jünger und Jüngerinnen sollen Salz und Licht sein in den Kreisen, in die sie Gott gestellt hat. Christen sollen wirken als Sauerteig, als erhaltende, belebende, erneuernde Kräfte. Sie hat's getan. Sie hat, wie Maria von Bethanien, getan, was sie konnte. Es ist an ihr zur Wahrheit geworden, was geschrieben steht: »Wer an mich glaubt, wie die Schrift sagt, von des Leibe werden Ströme des lebendigen Wassers fließen.«

»Du sollst ein Segen sein«. Wir wandern im Geiste nach ihrem kleinen Hause, wahrlich einer Hütte Gottes bei den Menschen. Ein Bethel, ein Haus Gottes, wo die Himmelsleiter stand, auf der Bitte, Gebet und Fürbitte der Engel hinaufstiegen und Gottes Erhörung herniederkam! Hier hat sie Männern und Jünglingen ein Heim geboten, wo sie vor den Versuchungen und Gefahren des Lebens bewahrt bleiben konnten und des Herrn Namen preisen durften. Hier hat sie eine Stätte eröffnet, wo Gottes Wort in Bibelstunden und Versammlungen ausgelegt und Unzähligen als Stecken und Stab, als Licht, das da scheinet an manch dunklem Ort, als Brot des Lebens für die Seele dargereicht wurde. Hier hat sie gleich der Tabea von Joppe die Armen erfreut und ihnen mit der irdischen Gabe himmlische Güter mit auf den Weg gegeben.

»Du sollst ein Segen sein.« Wir wandern auf die Berge nach der Stätte, wo sie das Elendsthal zu einem Eden umgewandelt hat, wo alle, die mit Ernst Christen sein wollten, einen Anstoß zur ewigen Bewegung empfangen konnten, wo sie den Jungfrauen eine Herberge gab, um ihrem Heiland zu dienen, wo sie die Liebe zur Mission und die Arbeiter in der inneren und äußeren Mission gehegt und gepflegt hat, wo sonder allen Zweifel viele für das Himmelreich gerettet sind.

»Du sollst ein Segen sein.« Wir wandern in so manches Haus unserer Stadt, wo sie in gesunden und kranken Tagen das Wort des Trostes und der liebreichen Zurechtweisung spendete, wo sie den Weg zu den Herzen auch dann noch fand, wenn er andern versagt geblieben war. »Du sollst ein Segen sein.« Sie ist's gewesen über 50 Jahre lang. Dem Herrn sei Dank und Ehre!

Und wenn nun ihre stummen, verblichenen Lippen sich noch einmal öffnen könnten, dann würde sie, wie sie es oft getan, die Barmherzigkeit ihres Heilandes rühmen, dann würde sie uns mahnen:

»Lasset uns aufsehen auf Jesum!« Dann würde sie bitten: »Suchet Jesum und sein Licht; alles andere hilft uns nicht.« Und dann würde sie es uns als ihr heiliges Vermächtnis, als ihr Testament aufs Herz und aufs Gewissen legen: »Wirket, so lange es Tag ist! Werbet Seelen für den Heiland! Arbeitet, daß sein Reich komme!«

»Ich will dich segnen«, spricht der Herr. Er hat's getan. Ihm sei Preis und Dank dafür! »Du sollst ein Segen sein«, verheißt der Herr. Er hat's erfüllt. Sie ist's gewesen. Dir, Herr, gebührt die Ehre!

Und nun nehmen wir Abschied von Dir, Du teure Vollendete! Der Herr, der Gnade zu Deiner Reise gegeben hat, tröste uns alle, die wir um Dich trauern. Er erwecke Dir Nachfolgerinnen, die in Deinem Geiste, mit Deiner vom Herrn Dir geschenkten Liebe besonders auch der Armen sich erbarmen. Wir danken Dir für alles, was Du uns warst, für alle selbstlose Liebe, für jedes freundliche Wort, für jeden sauren Gang. Wir lassen Dich, daß Du zu Deinem Herrn ziehest. »Selig sind die Toten, die in dem Herrn sterben von nun an; ja der Geist spricht, daß sie ruhen von ihrer Arbeit und ihre Werke folgen ihnen nach!«   AMEN

Geburtsurkunde von Johanna Kesseler

Sammtgemeine Elberfeld, Urkunde Nr. 819
Geburt von Johanna Wilhelmina Kesseler (1825)

»Im Jahre eintausend achthundert fünfundzwanzig, am neunundzwanzigsten September des Mittags um 12 Uhr, erschien vor mir, Friedrich Brinkmann, Beigeordneter der Sammtgemeine Elberfeld: der Kattunweber Johannes Kesseler, wohnhaft Vorm Arrenberg Nr. 108, mit der Anzeige, daß am Mittwoch, den achtundzwanzigsten dieses Monats September, des Abends spät um halb zwölf Uhr, ihm von seiner Ehefrau Gerdraut Fischbach ein Mädchen geboren sey, welchem er die Vornamen: Johanna Wilhelmina gegeben habe.

Zeugen bei dieser Handlung waren: Wilhelm Kirberg, sechsunddreißigjährigen Alters, Seidenweber, wohnhaft Vorm Arrenberg, und Johann Pottkemper, fünfundzwanzig Jahre alt, Seidenweber, wohnhaft Vorm Arrenberg.

Es folgen die Unterschriften von Wilhelm Kirberg und Johann Pottkämper(!). Nach Vorlesung erklärte der Vater nicht schreiben zu können, die Uebrigen aber unterschrieben diese Urkunde.

(gez.:) Brinkmann.«

Heiratsurkunde

»Bürgermeisterei Elberfeld, Kreis Elberfeld, Regierungs-Departement Düsseldorf. Urkunde Nr. 336 (1853)
Heirath des Friedrich Wilhelm Faust und der Johanna Wilhelmine (!) Keßler (!).

Im Jahre tausend achthundert dreiundfünfzig fünften October, Morgens zehn Uhr, erschien vor mir Wilhelm Holthausen, wohnhaft in der Bürgermeisterei Elberfeld als Beamter des Personenstandes, der Friedrich Wilhelm Faust, achtundzwanzig Jahre alt, geboren zu Elberfeld, Regierungs-Departement Düsseldorf, Standes Fabrikarbeiter, wohnhaft zu Elberfeld, Regierungs-Departement Düsseldorf, großjähriger Sohn des Ackerers und Webers Johann Faust und der Maria Catharina Öllingrath, beide verlobt, zuletzt wohnhaft zu Elberfeld, Regierungs-Departement Düsseldorf
und die Johanna Wilhelmine Keßler, achtundzwanzig Jahre alt, geboren zu Elberfeld, Regierungs-Departement Düsseldorf, Standes Weberin, wohnhaft zu Elberfeld, Regierungs- Department Düsseldorf, großjährige Tochter des hier gestorbenen Webers Johannes Keßler und der gewerblosen Gertrud (!) Fischbach, wohnhaft zu Elberfeld, Regierungs-Departement Düsseldorf.
Dieselben haben mich aufgefordert die zwischen ihnen verabredete Heirath gesetzlich abzuschließen: und in Erwägung, daß die vorgeschriebenen öffentlichen Ankündigungen dieser Heirath wirklich vor der Hauptthüre des Gemeinde-Hauses von Elberfeld Statt gehabt haben, nämlich die erste am ersten Sonntage des vorigen Monats und die andere am zweiten Sonntage desselben Monates, daß ferner die Urkunden dieser Ankündigungen gebührend öffentlich angeschlagen gewesen, und endlich daß mir kein Widerspruch gegen diese Verheirathung eingereicht worden ist; habe ich, um besagter Aufforderung zu willfahren, den schon genannten Erschienenen in Gegenwart der nachbenannten vier Zeugen die mir überreichten, beziehungsweise von mir eingesehenen, und wie folgt aufgezählten Urkunden, sowie auch das sechste Kapitel des vom Ehestande handelnden Titels des bürgerlichen Gesetzbuches laut vorgelesen.

Jene Urkunden sind: Geburtsurkunde der Braut, Nr. 819, vom neunundzwanzigsten September achtzehnhundertfünfundzwanzig, Sterbeurkunde ihres Vaters Nr. 1124 vom vierten November achtzehnhundertvierunddreißig, Geburtsurkunde Nr. 142 vom siebenzehnten Februar achtzehnhundertfünfundzwanzig, Sterbeurkunden seines Vaters: Nr. 124 vom neunundzwanzigsten Januar achtzehnhunderteinundfünfzig, seiner Mutter, Nr. 1106, vom elften November vorigen Jahres, seines väterlichen Großvaters, Nr. 520, vom zwölften September achtzehnhundertsiebzehn, seiner Großmutter dieser Linie, Nr. 615, vom sechsundzwanzigsten Oktober achtzehnhundertvierundzwanzig und seiner mütterlichen Großmutter, Nr. 73 vom fünfzehnten October achtzehnhundertzweiunddreißig, (aus) dem hiesigen Civilstandsregister, sowie seines Großvaters dieser Linie, vom achtzehnten November siebenzehnhunderteinundneunzig der (unleserlich) reformierten Gemeinde Sonnborn. Die mitanwesende Mutter der Braut erklärte in die Heirath eingewilligt zu haben.

Hierauf habe ich den vorbenannten Bräutigam und die vorbenannte Braut gefragt: ob sie einander ehelichen wollten? – und da jeder der beiden insbesondere diese Frage bejahend beantwortet hat: so erkläre ich im Namen des Gesetzes, daß Friedrich Wilhelm Faust und Johanna Wilhelmine Keßler hierdurch mit einander gesetzlich verheirathet sind.

Worüber ich gegenwärtige Urkunden errichtet habe in Gegenwart des Johann Friedrich Faust, fündunddreißig Jahre alt, Standes Weber, zu Elberfeld wohnhaft, welcher ein Bruder des neuen Ehegatten, des Heinrich Faust, einunddreißig Jahre alt, Standes Weber, zu Elberfeld wohnhaft, welcher ein Bruder des neuen Ehegatten, des Peter Siepermann, vierundzwanzig Jahre alt, Standes Weber, zu Elberfeld wohnhaft, welcher einst verwandt mit dem neuen Ehegatten, und des Peter August Schwarz, fünfunddreißig Jahre alt, Standes Fabrikarbeiter, zu Elberfeld wohnhaft, welcher einst verwandt mit den neuen Ehegatten zu sein erklärt.

Nach geschehener Vorlesung erklärte die Mutter der neuen Ehefrau, schreibens unerfahren zu sein, die übrigen Comparenten haben unterschrieben.

(gez.:) Wilh. Faust, Johanna Keßler (!), Joh. Frie. Faust, Heinr. Faust, Peter Siepermann, Pet. Aug. Schwarz, S. Holthausen.«

Sterbeurkunde von Johanna Faust

»Nr. 2968 – Elberfeld, am 17. Dezember 1903

Vor dem unterzeichneten Standesbeamten erschien heute, der Persönlichkeit nach bekannt, der Riemendrehereibesitzer Hermann Siepermann, wohnhaft zu Elberfeld, Riemenstraße 20 und zeigte an, daß seine Tante, die Händlerin Johanna Faust, geborene Keßler, 78 Jahre alt, lutherischer Religion, wohnhaft in Elberfeld, Riemenstraße 26, geboren zu Elberfeld, Witwe des Spezereihändlers Friedrich Wilhelm Faust, zuletzt wohnhaft in Elberfeld, Tochter des verstorbenen Webers Johannes Keßler und seiner verstorbenen Ehefrau Gertrud, geborene Fischbach, zuletzt wohnhaft in Elberfeld, zu Elberfeld in ihrer Wohnung am sechzehnten Dezember des Jahres tausend neunhundert und drei, Nachmittags um drei Uhr verstorben sei. Der Vorgenannte erklärte, von diesem Sterbefall aus eigener Wissenschaft unterrichtet zu sein.

Vorgelesen, genehmigt und unterschrieben
(gez.:) Hermann Siepermann

Der Standesbeamte
In Vertretung (gez.:) Limberg

Elberfeld, am 17. Dezember 1903«

Literatur über Johanna Faust

Anonym, Eingesandt. Zur Erinnerung an Frau Hanna Faust, in: Täglicher Anzeiger vom 18. Dezember 1903, Erste Beilage.

Anonym, Tante Hanna. Ein Gedenken, in: Täglicher Anzeiger vom 17. Dezember 1928, Erste Beilage.

Anonym, Tante Hanna, in: Christlicher Volkskalender 1906.

Böger, Helmut, Berühmte & berüchtigte Wuppertaler. 34 Portraits, Wuppertal 1988.

Busch, Wilhelm, Tante Hanna. Ein Wuppertaler Original. Aus neuester Zeit, erste bis zwölfte Auflage, Elberfeld 1904-1929.

Dannert, Hermann, Hanna Faust, in: Licht und Leben, 16 Jg. (1904), Heft 3.

Dröner, Wilhelm, Tante Hanna und ihr Jünglingsverein, in: Leuchtturm, Nr. 23 (1904).

Haug, Martin, Johanna Faust-Keßler. Eine Arbeiterin, in: Haug, Martin (Hrsg.), Sie fanden den Weg. Neun Frauenschicksale, Stuttgart 1958.

Lauffs, A., Tante Hanna, in: Barmer Sonntagsblatt, Nr. 68 (1925).

Leithäuser, Julius, Hanna Faust, in: ders., Volks- und Heimatkunde des Wupperlandes, Elberfeld 1927.

Löhr, Wilhelm, Frau Johanna Faust, in: Kirchlicher Anzeiger 1903.

Niemöller, Heinrich, Aus 56 Amtsjahren, Bielefeld 1948.

Niemöller, Heinrich, Zur Erinnerung an Frau Johanna Faust. Rede in der Trinitatiskirche vom 20. Dezember 1903, Elberfeld 1904.

Ohly, Karl, Zum Gedächtnis der Frau Johanna Faust, in: Kirchlicher Anzeiger 1904.

Pagel, Arno, Gräfin Waldersee, Tante Hanna, Mutter Fischbach, Gießen und Basel 1958.

Schäble, Walter, . . .sie hatte einen starken Gott, Wuppertal-Elberfeld o.J.

Schell, Otto, Bergische Frauen, Elberfeld 1927.

Schmied, P.J., Tante Hanna bekehrte das Elendstal, in: Westdeutsche Zeitung vom 20. Januar 1984.

V., K., Tante Hanna, in: Unser Ziel, Nr. 6 (1930).

Wegener, Friedrich, Ein Sünder, der Buße tut. Ein schönes Erlebnis aus der Jugendzeit von Tante Hanna, in: Licht und Leben, 19. Jg. (1907), Heft 1 und Heft 2.

Winkelsen, Ernst, Wie dat Elendsdahl entstangen es, Elberfeld o.J.

Winterberg, Antonie, Tante Hanna, in: Licht und Leben, 40. Jg. (1928), Heft 51.

Ausgewählte Literatur zum Thema

Beeck, Karl-Hermann (Hrsg.), Gründerzeit – Versuch einer Grenzbestimmung im Wuppertal. Schriftenreihe des Vereins für Rheinische Kirchengeschichte Nr. 80, Wuppertal 1984.

Beeck, Karl-Hermann, Friedrich Wilhelm Dörpfeld, Neuwied und Berlin 1975.

Bergengrün, A., Staatsminister August Freiherr von der Heydt, Leipzig 1908.

Beyer, Heinz, Die christlich-soziale Bewegung im Wuppertal im späten Bismarckreich, Staatsarbeit, Wuppertal 1981.

Beyreuther, Erich, Kirche in Bewegung. Geschichte der Evangelisation und Volksmission, Berlin 1968.

Boeddinghaus, W., Die Entwicklung der Firma W. Boeddinghaus & Cie. in Elberfeld, Elberfeld 1909.

Born, H., Die Stadt Elberfeld. Festschrift zur Dreihundertjahrfeier 1910, Elberfeld 1910.

Brakelmann, G., Adolf Stöcker und die Sozialdemokratie, in: Brakelmann, Greschat, Jochmann, Protestantismus und Politik. Werk und Wirken Adolf Stöckers, Hamburg 1982.

Brandel, Bernd, Die Evangelische Gesellschaft für Deutschland im Dritten Reich, in: Licht und Leben, 96. Jg (1984), Heft 7/8.

Bredt, J.V., Die Geschichte der Familie Greeff aus der Huckenbach, Marburg 1941.

Brökelmann, Die Sonntagsschule. Bericht des Rhein.-Westf. Provinzialausschusses für Innere Mission, Langenberg 1869.

Bröking, Erich, Hundert Jahre Geschichte der Trinitatiskirche, in: Der Weg. Evangelisches Sonntagsblatt für das Rheinland, Nr. 44 (1978).

Buddeberg, Ernst, Vom Rettungshaus zum Lutherstift, Wuppertal 1930.

Buddeberg, Ernst, Fritz Coerper – Ein Volksmissionar, Elberfeld 1925.

Elberfelder Bürger- und Handbuch, Elberfeld 1956.

Busch, Wilhelm, Pfarrer Dr. Wilhelm Busch. Sein Leben und Wirken, Erste Auflage, Hamburg 1926.

Coerper, Fritz, Kurze Chronik der Evangelischen Gesellschaft für Deutschland in Elberfeld-Barmen, Elberfeld 1898.

Coutelle, Karl, Elberfeld, topographisch-statistische Darstellung, Elberfeld 1852, Nachdruck Wuppertal 1963.

Deimling, Gerhard, Die Entstehung der Rheinisch- Westfälischen Gefängnisgesellschaft 1826-1830, in: Zeitschrift des Bergischen Geschichtsvereins, 92. Band, Jg. 1986, Neustadt an der Aisch 1987.

Dick, Karl (Hrsg.), Leonhard Müller – Gottesführungen in meinem Leben, Moers 1925.

Diederich, G., Die Arbeitsgebiete der Inneren Mission in Elberfeld, in: Zeitschrift des Bergischen Geschichtsvereins Band 43, Jg. 1910.

Diederich, G., Thienes, E., 125 Jahre Bergische Bibelgesellschaft 1814-1939, a.O. 1939.

Dülfer, Lisa, Kinderarbeit im 18. und 19. Jahrhundert im Wuppertal, Mitteilungen des Stadtarchivs Wuppertal, 7. Jg. (1982), Heft 1.

Dülfer, Lisa, Wilhelm Meckel, in: Wuppertaler Biographien, 3. Folge, Wuppertal 1961.

Dülfer, Lisa, Hundert Jahre evangelische Kapelle Kohlstraße, Elberfeld 1960.

Evangelische Gesellschaft für Deutschland in Elberfeld- Barmen im Jahre 1907, Elberfeld 1907.

vom Endt, Der Rheinische Provinzialausschuß für Innere Mission 1849-1899, Langenberg 1899.

Erdmann, Otto, Arbeiten und Erfahrungen einer fünfundzwanzigjährigen Thätigkeit in der inneren Mission, erster Teil, Elberfeld 1873.

Erfurth, Paul, Beiträge zur weiblichen nachgehenden Fürsorge im Wuppertal 1844-1919, Elberfeld 1920.

Festschrift zum 75-jährigen Bestehen des Katernberger Vereinshauses, Elberfeld 1979.

Gerhardt, Martin, Ein Jahrhundert Innere Mission. Die Geschichte des Centralausschusses für die Innere Mission der Deutschen Evangelischen Kirche, 2 Bde., Gütersloh 1948.

Greschat, Martin, Das Zeitalter der Industriellen Revolution. Das Christentum vor der Moderne, Stuttgart/Berlin/Köln/Mainz 1980.

Grote, Gustav, Wilhelm Boeddinghaus, in: Wuppertaler Biographien, dritte Folge, Wuppertal 1961.

Heinersdorff, Karl, Er gab – ich nahm. Erinnerungen aus dem Gemeinde- und Anstaltsamt, erste Auflage, Elberfeld 1909.

Hense, Ernst, Die Sonntagsschule in der Trinitatiskirche, in: Kirchlicher Anzeiger 1903.

Hoppe, Ruth, Geschichte der Kinderarbeit in Deutschland 1750-1939. Dokumente, Band 2, Berlin 1958.

Horn, Hans, Der Evangelische Brüderverein, in: Monatshefte für evangelische Kirchengeschichte des Rheinlandes, 24 Jg. 1975.

Industrie- und Handelskammer Wuppertal 1831-1956. Festschrift zum 125-jährigen Jubiläum am 17. Januar 1956, Wuppertal-Elberfeld 1956.

Jochums, H., Zeugnisse aus 125 Jahren Evangelischer Gesellschaft für Deutschland, Wuppertal 1973.

Jorde, F., Bilder aus dem alten Elberfeld, Elberfeld 1907.

Just, A., Der Gesamtverband der evangelischen Arbeitervereine, seine Geschichte und seine Arbeiten, Gleiwitz 1904.

Kamiński, A.J., Vom Polizei- zum Bürgerstaat, Wuppertal 1976.

Klemm, H., Elias Schrenk. Der Weg eines Evangelisten, Wuppertal 1961.

Klug, Alfred, Karl Krummacher – Sein Leben und Wirken, Elberfeld 1902.

Köllmann, Wolfgang, Sozialgeschichte der Stadt Barmen im 19. Jahrhundert, Tübingen 1960.

Köllmann, Wolfgang, Wirtschaft, Weltanschauung und Gesellschaft in der Geschichte Wuppertals, Wuppertal 1955.

Krafft, Karl, Beiträge zur Chronik der reformierten Gemeinde zu Elberfeld, Elberfeld 1900.

Krafft, Karl, Erinnerungen an den Kaufmann Daniel Hermann, Elberfeld 1887.

Krafft, W., Verhandlungen des 4. Deutschen Evangelischen Kirchentages zu Elberfeld im September 1851, Berlin 1851.

Krummacher, Friedrich Wilhelm, Immanuel Friedrich Emil Sander. Eine Prophetengestalt aus der Gegenwart, Elberfeld 1860.

Krummacher, Karl, Die evangelischen Jünglingsvereine, zweite Auflage, Elberfeld 1895.

156

Krummacher, Karl, Anton Haasen, Elberfeld 1886.

Krummacher, Karl, Lebensbilder von Freunden und Förderern des evangelischen Jünglingsvereins, Elberfeld 1882.

Kupisch, Karl, Adolf Stöcker. Hofprediger und Volkstribun, erste Auflage, Berlin o.J.

Kupisch, Karl, Das Jahrhundert des Sozialismus und die Kirche, Berlin 1958.

Löhr, Wilhelm, Rede am Sarge von C.G.F. Barner, Elberfeld 1902.

Menzel, Gustav, Die Rheinische Mission, Wuppertal 1978.

Müller-Späth, Jürgen, Die Anfänge des CVJM in Rheinland und Westfalen. Ein Beitrag zur Sozial- und Kirchengeschichte im 19. Jahrhundert. Schriftenreihe des Vereins für Rheinische Kirchengeschichte, Bd. 90, Köln 1988.

Ohlemacher, Jörg, Die Gemeinschaftsbewegung in Deutschland 1887-1914, Gütersloh 1977.

Ohly, Karl, Emil Ohly – Ein Lebensbild, Herborn 1891.

Pryzbylski, Lothar, Die Kirche am Kolk, Wuppertal 1977.

Richter, Paul, Um Verlorener willen! Festschrift zum 75. Jahresfest der Elberfeld-Barmer Gefängnisgesellschaft, Hamburg 1909.

Schäfer, Daniel, Hundert Jahre Evangelische Gesellschaft für Deutschland 1848-1948, Gladbeck 1948.

Schmitz, Richard, Heinrich Neviandt, Witten 1927.

Sincerus, A., Ein Gang durchs Wupperthal, Heilbronn 1887.

Statistische Darstellungen des Stadtkreises Elberfeld unter besonderer Berücksichtigung der Verhältnisse der Jahre 1864, 1865, 1866 und 1867, Elberfeld 1869.

Statistische Jahrbücher für das Deutsche Reich, Berlin 1890 und 1900.

Statistisches Bundesamt Wiesbaden, Bevölkerung und Wirtschaft 1872-1972, Stuttgart und Mainz 1972.

Steiner, Robert, Pastor Hermann Krafft 1861-1934, in: Wuppertaler Biographien, erste Folge, Wuppertal 1958.

Sticker, Anna, Friederike Fliedner und die Anfänge der Frauendiakonie. Ein Quellenbuch, Neukirchen 1961.

Sticker, Anna, Theodor Fliedner. Quellen. Kindernot und Kinderhilfe vor 120 Jahren. Quellenstücke aus dem Fliednerarchiv in Kaiserswerth, Witt/Ruhr 1958.

Sticker, Anna, Theodor und Friederike Fliedner, Bildbiographie, Wuppertal 1989

Stöcker, Adolf, Christlich-Sozial. Reden und Aufsätze, Bielefeld und Leipzig 1885.

Storck, V.F., Vaterhaus und Vaterstadt, Wuppertal 1960.

Strutz, Edmund, Geschichte der Familie Schniewind, Berlin 1927.

Tiesmeyer, Ludwig, Die Erweckungsbewegung in Deutschland während des 19. Jahrhunderts, Kassel 1903, Heft 3.

Uhlhorn, Gerhard, Die christliche Liebestätigkeit, Stuttgart 1895.

Verzeichnis der evangelischen Jungfrauenvereine Deutschlands, hrsg. vom Vorständevorstand der evangelischen Jungfrauenvereine, Berlin 1906.

Vorländer, Herwart, Evangelische Kirche und soziale Frage in der werdenden Industriegroßstadt Elberfeld, Düsseldorf 1963.

Weber, Ludwig,/Elger, 25 Jahre der Sittlichkeitsbewegung. Bilder aus der Geschichte des westdeutschen Sittlichkeitsvereins und der allgemeinen deutschen Sittlichkeitskonferenz 1885-1910.

Weth, Rudolf, Andreas Bräm – Prediger, Seelsorger, Pädagoge und Gründer des Erziehungsvereins 1797-1882, Neukirchen-Vluyn 1982.

Weyel, Hartmut (Hrsg.), Gemeinde unterwegs. 125 Jahre Freie Evangelische Gemeinde Wuppertal-Barmen 1854-1979, Wuppertal 1979.

Wichern, Johann Hinrich, Die innere Mission der deutschen evangelischen Kirche. Eine Denkschrift an die deutsche Nation (1849), in: Sämtliche Werke, hrsg. von Peter Meinhold, Bd. 1, Berlin 1958.

Archivalien

Akten, Urkunden, Zeitschriften, Zeitungen und Adreßbücher wurden in den nachfolgend genannten Archiven, Ämtern und Bibliotheken eingesehen:

- Stadtarchiv Wuppertal
- Archiv der Vereinigten Evangelischen Mission, Wuppertal-Barmen
- Fachbücherei für Frauendiakonie und Fliednerarchiv, Düsseldorf-Kaiserswerth
- Archiv des Westbundes (CVJM), Wuppertal-Barmen
- Archiv der Evangelischen Gesellschaft für Deutschland, Wuppertal
- Lutherisches Friedhofsamt, Wuppertal-Elberfeld, Hochstraße
- Universitätsbibliothek Bonn
- Stadtbibliothek Wuppertal
- Archiv des Standesamtes Elberfeld.

Bildnachweise

Aus dem Archiv der Evangelischen Gesellschaft für Deutschland: S. 4, 14, 33, 42, 43, 45, 46, 47, 79, 125

Busch, W., Pfarrer Dr. Wilhelm Busch, sein Leben und sein Wirken, Hamburg 1926: S. 81

Coerper, Fr., 50 Jahre der Evangelischen Gesellschaft für Deutschland, Elberfeld 1898: S. 119

Die Evangelische Gesellschaft für Deutschland in Elberfeld-Barmen, Elberfeld o.J.: S. 13

Evangelisches Gemeindelexikon, Hrsg. v. E. Geldbach, H. Burkhardt, K. Heimbucher, Wuppertal 1978: S. 83, 84

125 Jahre Freie ev. Gemeinde Wuppertal-Barmen. Als Gemeinde unterwegs, Wuppertal 1979: S. 116

Stahlstich unbekannter Herkunft: S. 9

Wittmütz, V., 100 Jahre Bergische Diakonie Aprath, Köln 1982: S. 67, 69, 70, 71, 73, 75, 121

Wuppertaler Biographien 6. Folge, Wuppertal 1966: S. 104

Zeugen aus der Geschichte der lutherischen Gemeinde Elberfeld, Wuppertal-Elberfeld 1932: S. 17, 21, 61, 103, 105